COLLECTION A. BONNARDOT

ESTAMPES

DESSINS — TABLEAUX

MARS 1888

Mᵉ MAURICE DELESTRE	MM. DANLOS FILS & DELISLE
Commissaire-Priseur	Marchands d'estampes
27, RUE DROUOT, 27	5, QUAI MALAQUAIS, 5

CATALOGUE

D'ESTAMPES

PLANS

DESSINS ET TABLEAUX

RELATIFS A LA TOPOGRAPHIE ET A L'HISTOIRE DE

L'ANCIEN PARIS

COMPOSANT

La Collection de feu M. A. BONNARDOT, Parisien

Dont la vente aux enchères publiques aura lieu

HOTEL DES COMMISSAIRES-PRISEURS, RUE DROUOT, 5

SALLE N° 4

Les Jeudi 15, *Vendredi* 16 *et Samedi* 17 *Mars* 1888

A UNE HEURE ET DEMIE

Par le ministère de Me **MAURICE DELESTRE**, commissaire-priseur

RUE DROUOT, 27,

Assisté de MM. **DANLOS** Fils et **DELISLE**, marchands d'estampes

QUAI MALAQUAIS, 5

CONDITIONS DE LA VENTE

Elle sera faite au comptant.

Les acquéreurs paieront cinq pour cent en sus des enchères.

MM. Danlos fils et Delisle, chargés de la direction de la vente, se réservent la faculté de diviser ou de rassembler les lots.

ORDRE DES VACATIONS

1re Vacation : *Jeudi* 15 *Mars* 1888. . . . . Nos 1 à 240.

2e Vacation : *Vendredi* 16 *Mars*. . . . . . 241 à 464.

3e Vacation : *Samedi* 17 *Mars* . . . . . . 465 à la fin.

DÉSIGNATION

ESTAMPES

PLANS DE PARIS A DIVERSES ÉPOQUES

1. Plan dit de G. Braun, représentant Paris vers 1530.

Rare et très curieux plan édité à Cologne en 1572; il est très habilement gravé à l'eau-forte et offre, malgré son petit cadre, une exactitude surprenante pour l'époque.

2. Un double exemplaire du plan précédent.

3. Plan de Paris sous le règne de Henri II, par Olivier Truschet et Germain Hoyau. 1550-1552.

Reproduction en fac-similé d'après l'unique exemplaire de la Bibliothèque de Bâle. Édition de la Société de l'histoire de Paris et de l'Ile-de-France. *Paris*, *Champion*, 1877.

4. Le même plan reproduit en photographie.

5. Plan anonyme gravé sur bois vers 1570.

Épreuve coloriée d'un plan excessivement rare que M. Bonnardot croit avoir été gravé par un Italien.

6. Plan dit de Belforest, 1575.

Ce plan gravé sur bois est la copie de celui de Ducerceau, mais la copie modernisée et modifiée pour l'année 1572 environ. Son mérite est d'offrir de nombreux changements appropriés à sa date.

7. Un double exemplaire du plan précédent.

8. Plan de Mathieu Merian, 1615.

Première et très rare édition datée de 1615. Ce plan est le plus intéressant par ses détails et le moins inexact parmi ceux publiés entre 1600 et 1652. Notre exemplaire est parfaitement complet, il se compose des deux feuilles du plan, des deux feuilles latérales divisées en compartiments représentant des personnages en costumes de l'époque et des deux feuilles de texte qui s'adaptent au bas; il est doublé et a subi quelques légères restaurations.

9. Plan de Mathieu Merian. Seconde édition, datée 1621

Exemplaire complet, doublé et ayant souffert.

10. Plan publié par Melchior Tavernier, 1630.

Ce plan est, avec quelques changements, la copie du plan de Mathieu Mérian. Ce qui le rend précieux c'est que les nombreux changements faits au dessin primitif de Mérian le mettent en harmonie avec la date réelle de 1630 et que, de la comparaison des deux estampes, résultent de curieux et instructifs documents. Notre exemplaire est parfaitement complet, il se compose des deux feuilles du plan et des quatre bandes de texte qui s'y ajoutent au bas et de chaque côté; il est excessivement rare.

11. Plan de Paris de Ducerceau, retouché en 1650?

On ne connaît pas d'autre exemplaire de cette curieuse retouche du plan de Ducerceau; elle est des plus intéressantes, l'éditeur inconnu qui possédait les vieux cuivres de Ducerceau ayant rajeuni cette vieille image de Paris et l'ayant rectifiée dans son ensemble et dans ses détails à la date où il l'a éditée.

12. Plan de Jacques Gomboust, 1652, en 9 feuilles, représentant Paris vers 1649.

Superbe exemplaire en parfait état. Ce plan, qui est de la plus grande rareté (on n'en connait que quelques exemplaires), est le plus exact et le plus remarquable comme exécution qui ait été publié à Paris au XVIIe siècle. M. Bonnardot croit que l'exécution par la gravure du dessin de Gomboust est due à plusieurs artistes de son temps, parmi lesquels il cite Ab. Bosse, Ch. Goirand, Collignon et Is. Silvestre.

13. Plan de Paris tiré de la *Topographia Galliæ* publiée à Francfort en 1655, par Gaspard Mérian.

Ce plan est la réduction au cinquième du plan en quatre feuilles publié par Boisseau vers 1654.

14. Grand plan à vol d'oiseau, en 6 feuilles, édité par Nicolas Bercy, 1656.

Bel exemplaire parfaitement complet.

15. Plan de Paris édité par Jollain, 1666.

Ce rare plan est également la réduction en deux feuilles du plan de J. Boisseau. Notre exemplaire se compose des deux feuilles du plan, de la feuille de texte, mais il lui manque les bordures latérales.

16. Plan de la ville et faubourgs de Paris, divisée en vingt quartiers dont la plus grande partie a été rectifiée d'après différents desseins tirés du cabinet de M. le chevalier de Beaurain, géographe ordinaire du roy, etc. Dédié et présenté à messire Camus de Pontcarré, prévost des marchands, par Deharme, typographe du roy, 1663. *A Paris, chez l'auteur, rue Saint-Honoré*. Plan géométral composé de 35 feuilles et d'une feuille d'assemblage.

Très bel exemplaire relié en veau, aux armes de la famille de Mailly.

17. Plan de Pierre Bullet et Nicolas Blondel, 1676.

Première et très rare édition de ce grand plan, en douze feuilles, le plus important édité, depuis celui de J. Gomboust. Notre exemplaire est parfaitement complet, mais il lui manque la bordure de feuilles de chêne qui sert d'encadrement à l'ensemble.

18. Suite de huit plans, parus dans le tome Ier du Traité de la police de La Mare, et édités par N. de Fer. *Paris*, 1705.

Bel exemplaire.

19. Plan de Bernard Jaillot en quatre feuilles, dédié à Jérôme Bignon, 1713.

Exemplaire avant les frontispicee pour les listes de renvois, mais auquel il manque les listes des rues gravées sur les côtés.

20. Description de la ville et des faubourgs de Paris en vingt planches, dont chacune représente un des vingt quartiers suivant la division qui en a été faite par la déclaration du roy du 12 décembre 1702, etc. *A Paris, par Jean de la Caille*, imprimeur de la police, 1714.

Très bel exemplaire relié en veau, aux armes.

21. Plan de Guillaume de l'Isle, 1716.

Bel exemplaire de ce plan estimé, dont une des particularités est qu'il donne avec assez d'exactitude le tracé de l'enceinte méridionale de Philippe-Auguste, et qu'on y voit ombrée la pente de la montagne Sainte-Geneviève.

22. Plan en 6 feuilles, de l'abbé Jean Delagrive, 1728.

Exemplaire parfaitement complet. Très rare.

23. Plan en quatre feuilles, édité par J.-L. Huot, 1738.

Seconde édition, sans date et sans texte, elle porte l'adresse de J. D. Janvier, rue Saint-Jacques, à la ville d'Anvers, le successeur probable de J. L. Huot.

24. Plan de Paris commencé l'année 1737. Dessiné et gravé sous les ordres de Michel-Étienne Turgot, prévost des marchands, etc., achevé de graver en 1739, levé et dessiné par Louis Bretez.

Bel exemplaire relié en veau aux armes de la ville de Paris.

25. Coupe de la ville de Paris depuis la porte Saint-Martin jusqu'à l'Observatoire, 1742, 2 pièces. — Calque du plan du sieur Caqué représentant le Passage de la fortification de Philippe-Auguste, établi sur les vestiges actuellement existants, 1750. Ensemble 3 pièces.

26. Copie du plan de Ducerceau, par d'Heulland, 1756.

Première édition avec les armes de Christophe de Beaumont, archevêque de Paris.

27. Plan détaillé du quartier de Sainte-Geneviève, 1757. — Plan

de l'île Saint-Louis et de l'île Louviers. 2 plans partiels, levés par M. l'abbé de La Grive.

28. Plan de Paris en une feuille, dressé par R. de Vaugondy, 1760.

29. Plan des 20 quartiers de Paris, par Jaillot, 1772-75.
Exemplaire complet.

30. Plan de l'inondation de Paris, 1802. —Plans de Paris de 1825 à 1860. 10 pièces.

VUES GÉNÉRALES
VUES PARTIELLES ET MONUMENTS DE PARIS
A DIVERSES ÉPOQUES

GRANDES PIÈCES

31. Le Vieux Paris du XIVe au XVe siècle. 2 pièces dessinées par Pernot et lithographiées par Champion.

32. Vue générale de Paris, 1607, par L. Gaultier. Petite pièce extraite du titre de l'ouvrage intitulé: *Joannis Passeratii commentarii in. c. val catullum*, etc., plus une copie. 2 pièces.
Très belle épreuve du premier tirage.

33. Le Profil de la ville, cité et université de Paris, dont l'aspect est pris de dessus la montagne de Belleville par M. Merian, 1615.
Pièce très rare et très intéressante, représentant le roi Louis XIII âgé de 14 ans et demi et la reine Anne d'Autriche âgée de 15 ans, se promenant à Belleville; l'épreuve est doublée et a un peu souffert.

34. Vue générale de Paris, prise de la Butte-Chaumont. Grande pièce en 2 feuilles gravée par M. Mérian, 1620.
Très belle épreuve du premier tirage. Encadrée.

35. La même estampe.
Belle épreuve, doublée.

36. Vue générale de Paris. Grande estampe en 4 feuilles par N. Cochin le Vieux.
Très belle épreuve avec l'adresse de H. Jaillot. Excessivement rare.

37. Vue générale de Paris, 1627. Petite pièce extraite de l'ouvrage intitulé : *Thesauri philopolitici. Frankfurt*, 1627.
Très belle épreuve.

38. La Perspective du Pont-Neuf de Paris, par Et. Della Bella.
Très belle épreuve avant le coq et le toit prolongé de l'église Saint-Germain-l'Auxerrois; elle est doublée, et le texte a été rapporté. Encadrée.

39. La même estampe.

Très belle épreuve du second état.

40. Vue générale de Paris vers 1654. Grande estampe en 2 feuilles, par Collignon.

Très belle épreuve. Rare.

41. Vue générale de Paris, prise des hauteurs de Chaillot. Grande estampe en 2 feuilles par Is. Silvestre. (F. 75.)

Superbe et très rare épreuve avant les renvois et les quatre vers.

42. Perspective de la ville de Paris, vue prise du Pont Rouge ou Pont Barbier, par Is. Silvestre. (F. 77.)

Superbe épreuve avant le texte et les renvois, et avant les tailles sur la toiture du Louvre. Sous les armes de France au lieu de : *Silvestre incidit Parisiis* 1650, on lit : *Israel Silvestre delineavit et sculpcit* 1650. De la plus grande rareté, sinon unique.

43. La même estampe.

Très belle épreuve avec une petite marge. Encadrée.

44. Profil de la ville de Paris. — Profil de la ville de Saint-Denis. 2 pièces par Is. Silvestre.

Très belles épreuves, encadrées.

45. La Vue du Pont des Tuileries. Pièce anonyme, éditée vers 1660.

46. Vue et perspective du Pont-Neuf de Paris, vers 1680, par R. de Hooghe.

Très belle épreuve d'une estampe curieuse animée d'un grand nombre de figures et où se voient la parade de Tabarin et la boutique du marchand d'orviétan. Rare.

47. Portrait équestre de Louis XIV, gravé par un anonyme, in-fol. Dans le fond une vue générale de Paris.

Très belle épreuve. Rare.

48. Vue de l'amphithéâtre anatomique construit sous le règne de Louis le Grand ; au-dessous une vue générale de Paris prise du Pont-Neuf, 1694. Jolie pièce gravée par Simoneau et A. Perelle, d'après A. Dieu.

Très belle épreuve avec marge.

49. Vue de Paris dessinée du clocher de l'église de Chaillot, 1733. — Vue de Paris du côté de ville, 1736. — Vue de Paris dessinée de la grande terrasse du château de Meudon, 1736. — Vue de Paris dessinée du pavillon de S. A. R. Madame la duchesse du Maine à la pointe de l'Arsenal, 1736. 4 grandes vues, en 2 feuilles, dessinées et gravées par le sieur Milcent, ingénieur de la marine.

Très rares.

50. Grande vue générale de Paris sous Louis XV, en 2 feuilles, par Stelzer.

51. Entrée publique de S. E. M. le comte de Kaunitz Rittberg, ambassadeur de l'empereur et de l'impératrice, reine de Hongrie et de Bohême, faite à Paris le 17 septembre 1752, telle qu'elle s'est présentée sur les deux quais en passant le Pont-Neuf. Très rare et grande pièce inventée et gravée par Schlechter en 1754.

52. Vue du port Saint-Paul prise au bas du parapet dudit quay. — Vue de la porte Saint-Bernard. 2 grandes pièces gravées en couleur par Descourtis d'après De Machy.

Très belles épreuves, sans marges.

53. Vue intérieure de Paris représentant le port au Blé depuis l'extrémité de l'ancien marché aux veaux jusqu'au pont Notre-Dame. Gravé par Berthault en 1783 d'après le dessin du chevalier de L'Espinasse en 1782.

Très belle et très rare épreuve non entièrement terminée.

54. La même estampe.

Très belle épreuve avant la dédicace.

55. Vue intérieure de Paris représentant le port au Blé. — Vue intérieure de Paris représentant le port Saint-Paul. — Vue intérieure de Paris prise du milieu du pont Royal regardant le Pont-Neuf. 3 pièces gravées par Berthault d'après les dessins du chevalier de L'Espinasse, 1782.

56. Vue de Paris prise de Meudon, 1810. — Vue de Paris prise de Chaillot vers 1820. 2 pièces rares, gravées par Sauverwied.

Belles épreuves dont l'une est à l'état d'eau-forte.

57. Panorama de la ville de Paris, pris de la Tour carrée de Saint-Gervais, vers 1840. Grande estampe en 2 feuilles, gravée par Salate d'après Noël.

Épreuve coloriée avec soin.

58. Arcade magnifique élevée rue Saint-Antoine, 1549. — Arc de Triomphe érigé en l'honneur de Louis le Grand, faubourg Saint-Antoine, en 1670. — Plan de la Muette. — Plan et vues des jardins de Monceaux, etc. 12 pièces.

59. Vue perspective du jardin de M. Réveillon, fabricant de papier, faubourg Saint-Antoine, à l'ancien hôtel de Titon, où se sont faites les expériences de la machine aérostatique de MM. Mont-

golfier frères, dans le courant de l'été, en l'année 1783. Gravé d'après Desrais.

Très belle épreuve. Rare.

60. Vues prises dans le jardin des Petits-Augustins, 1805-1810. (Musée des monuments français.) 3 pièces, dont une est en couleur, gravées par Lavalée, Allais et Chapuy.

61. Plan de la Bastille, par P. F. Palloy patriote et maître maçon. Rare et grande pièce coloriée.

62. Plans de la Bastille. — Plans, élévations et coupes de la Bastille. 2 pièces dont l'une est gravée en couleur par Chapuy.

63. Prise de la Bastille. — La Révolution française, pièce allégorique dessinée et gravée par Duplessis. 2 pièces.

64. Vue et dessin de l'Illumination faite sur la façade extérieure et intérieure de l'hôtel de Bouillon, au sujet de la naissance de Mgr le Dauphin. Dessiné et gravé par J. Baussire.

65. Vue perspective de la salle du Carrousel, avec personnages dansants. — Élévation extérieure et coupe intérieure de la même salle. — Élévation et coupe intérieure de l'un des petits côtés de ladite salle. 3 pièces extraites de l'ouvrage intitulé : *Fêtes données à l'occasion du mariage de Mgr le Dauphin en* 1739.

66. Inauguration du buste de Marat au tombeau qui a été élevé pour sa gloire et celle de Lazowski, place de la Réunion (Carrousel), à Paris, l'an II de la République française.

67. Profil de l'esglise de la Sainte-Chapelle. *A Paris, chez Jean. Boisseau.*

Belle épreuve.

68. Vue des ruines de l'ancien Grand Châtelet à Paris. Grande et curieuse pièce coloriée, gravée par Piranesi d'après Moreau.

69. Vue perspective du portail de l'Église des RR. PP. Feuillants de la rue Saint-Honoré, à Paris, par B. Menessier.

Très belle et rare épreuve avant toutes lettres.

70. Plans, vues générales, et détails de l'abbaye de Saint-Germain des Prés. — La Fête-Dieu à Saint-Germain-l'Auxerrois. — Vue de l'intérieur de Saint-Germain-l'Auxerrois. 10 pièces gravées et lithographiées.

71. Les Halles vers 1630. — La place des Halles. — Projet pour les Halles. — Le pilier des Halles. 4 pièces gravées par Aliamet, Martial et autres.

72. Vue des charniers du cimetière des Innocents. — Monuments du cimetière des Innocents. — Fontaine des Innocents. — Grands-Carmes. — Hôtel de Soissons. 12 pièces gravées et lithographiées.

73. Plan et élévation en perspective d'un des 4 réfectoires de l'Hôtel royal des Invalides.

Très belle épreuve.

74. Perspective de l'intérieur de la grande salle du Palais de Justice à Paris, par J.-A. Ducerceau.

Très belle épreuve d'une pièce de la plus grande rareté.

75. Copie de cette estampe par Meryon.

Très belle épreuve avant l'adresse de Delâtre; elle porte la signature de Meryon.

76. Portrait de la pyramide dressée devant la porte du Pallais à Paris, 1597. *A Paris, chez J. Le Clerc.*

Belle épreuve avec le texte explicatif.

77. Perspective du Palais de Justice élevé sous le règne de Louis XVI, 1782. — La malheureuse famille Calas dans son cachot au Palais de Justice. — Monument expiatoire érigé en mémoire de Marie-Antoinette d'Autriche à la Conciergerie. 4 pièces gravées et lithographiées.

78. « Le Remarquable et magnifique Bastimant de l'hospital Sainct Louis, construict du règne de Henri le Grand, Quatrième du nom, roy de France et de Navarre, l'an 1608, » par Cl. Châtillon.

Très belle épreuve, avec la légende explicative.

79. « L'Admirable Dessein de la porte et place de France avec ses rues, commencée à construire en Marest du Temple à Paris durant le règne de Henry le Grand, l'an de grâce 1610. » Gravé par Cl. Châtillon. *Poinsart exc.*

Très belle épreuve avec le texte, elle est doublée.

80. Vue perspective de la place Louis-le-Grand avec la représentation des salles construites à l'occasion du mariage de Mgr le Dauphin. — Vue perspective intérieure de l'une desdites salles. — Élévation extérieure et coupe intérieure desdites salles. — Vue perspective de l'intérieur de la salle de la Place Dauphine. 9 pièces extraites de l'ouvrage intitulé : *Festes données à l'occasion du mariage de M le Dauphin, février* 1747.

81. Vue de la place Louis XV, 1763. Grande pièce gravée par Le Rouge, ingénieur géographe de Sa Majesté.

Première et très rare épreuve tirée avant que la Place ait été animée de nombreux personnages.

82. Statue équestre de Louis XV. — Inauguration de la statue de Louis XV, sur la place du même nom. 2 pièces gravées d'après Moreau le Jeune et de Machy.

83. Représentation de l'appareil que les Pères Jésuites du collège Louis-le-Grand ont fait dans la cour des classes pour l'heureuse naissance de Mgr le duc de Bourgogne les 24, 25 et 26 jours du mois d'aoust 1782. Gravé par Gautrel d'après Sevin.

84. Dessin d'une chapelle royale en pyramide pour être élevée au milieu du Louvre en 1670. *A Paris, chez Audran.*

85. Assemblée des États généraux en 1614, dans la salle de Bourbon. — Représentation des machines qui ont servi à élever les deux grandes pierres qui couvrent le fronton de la principale entrée du Louvre. — Élévation géométrale du trône construit pour Leurs Majestés le 29 aoust 1739, etc. 11 pièces, plans et vues du Louvre.

86. Vue de la façade du Louvre côté de Saint-Germain-l'Auxerrois vers 1770. Gravé et dessiné par Ozanne.

87. Vue de la cour du Louvre prise pendant l'exposition des produits de l'industrie française dans les jours complémentaires de l'an IX. Gravé et dessiné par Baltard.

88. Frontispice de la maison et bureau des marchands drapiers de la ville de Paris. Belle pièce gravée par J. Marot d'après le dessin de Bruant.

89. Plan perspectif de l'École royale militaire. — Vue des travaux du Champ de Mars par les patriotes. — Vue du Champ de Mars dit de la Fédération. — Vue générale de la Fédération Française. 4 pièces par Lespinasse, et Cloquet.

90. Vue du Champ de Mars, le jour de la Fédération, le 14 juillet 1790.

Très belle épreuve, avant toutes lettres, d'une très rare et très jolie pièce.

91. Vue de la Montagne élevée au champ de la Réunion pour la fête qui a été célébrée le décadi 20 prairial de l'an II. — Vue du Champ de Mars le jour du 20 prairial de l'an II de la République. 2 pièces rares dont l'une est gravée par Tessier.

92. Le May des Français ou les entrées libres. Pièce allégorique donnant la vue de la barrière Saint-Martin, 1798. — La Prison

des Magdelonnetes, 1794. — La Jeune Aveugle du Pont-Neuf, nivôse an XIII. — Pie VII visitant l'institution des Sourds et Muets, 1805. — Bivouac de la garde prussienne dans le jardin du Luxembourg. — Vue de Montmartre prise de Saint-Chaumont en 1814. — Vue de la translation à Saint-Denis des corps de Louis XVI et de Marie-Antoinette, etc. 9 pièces curieuses et rares.

93. Vue de la maison du R. P. de La Chaise à Menil-Montant. Grande pièce dessinée et gravée par Is. Silvestre.

Très rare.

94. « Le Grand et magnifique Bâtiment de l'hostel de Nevers, dans la ville de Paris, représenté dans sa partie d'Orient avec le paisaige prochain et chose plus remarquable. » Gravé par Cl. Châtillon.

Très belle épreuve. Rare.

95. Vue du Pont-Neuf, vers 1808. Pièce curieuse en ce qu'on y voit encore la Samaritaine telle qu'elle était en 1794, époque où l'on y établit une section avec l'inscription : « Indivisibilité de la République. »

Rare.

96. Vue de la principale entrée de Notre-Dame de Paris. — Renouvellement de l'alliance entre la France et les Suisses fait dans l'église Notre-Dame de Paris, 1663. — Pompe funèbre du service solennel fait à Monsieur le prince de Condé deuxième du nom en l'église Notre-Dame, 1687. — Pompe funèbre de Marie-Thérèse d'Espagne en l'église Notre-Dame, 1746, etc. 8 pièces gravées par et d'après Berain, Lebrun, Demortain et autres.

97. Prestation du serment du clergé de France entre les mains du 1er consul Bonaparte en l'église Notre-Dame, 1802. — Fêtes du sacre et couronnement de Leurs Majestés Impériales, 1804. — Prestation du serment des évêques en l'église Notre-Dame, 1811, etc. 6 pièces.

Très belles épreuves dont l'une est à l'état d'eau-forte.

98. Vue de la cité et de l'église Notre-Dame. — Cérémonie du baptême du duc de Bordeaux. — Arrivée du cortège funèbre de S. A. R. le duc d'Orléans à Notre-Dame. — Funérailles de Mgr Denis-Affre, archevêque de Paris, etc. 9 pièces lithographiées.

99. La Sortie de l'Opéra. Gravé par Malbeste d'après J. M. Moreau le Jeune.

Très belle épreuve avec les lettres A. P. D. R.

100. Élévation du bâtiment de l'Opéra, 1773. — Pas de deux, dansé par Dauberval et Mlle Allard. — Vue du théâtre de l'Opéra-Comique, rue Feydau. — Vue du théâtre de l'Opéra et de la Bibliothèque du Roi, 1808. — Incendie du théâtre de l'Odéon en 1818, etc. 8 pièces gravées par et d'après Carmontelle Courvoisier, Fragonard et autres.

101. Bal de l'Opéra par Bosio.

Belle épreuve en noir.

102. Le Jardin des plantes vers 1636. Grande estampe gravée par F. Scalberge.

Très belle épreuve avant la lettre et les explications. Rare.

103. « La Perspective horizontale du Jardin royal des plantes médicinales estably à Paris par Louis le Juste, roi de France et de Navarre. » Grande estampe gravée par A. Bosse en 1641.

Très belle épreuve. Rare.

104. Louis XIV visitant la salle de mathématiques au Jardin des plantes, par S. Le Clerc.

Très belle et rare épreuve avant la lettre.

105. Vue du Palais-Royal, 1679. — Vue et perspective du Palais-Royal du côté du jardin vers 1760. 3 pièces dessinées et gravées par La Boissière et Chauffourier.

106. Vue perspective du nouveau Palais-Royal, d'après l'invention du sieur Louis, architecte de S. A. R. Mgr le duc de Chartres. Dessiné et gravé par Ransonette.

Très belle épreuve avec une grande marge.

107. Vues de l'intérieur des galeries du Palais-Royal vues du côté du café des Aveugles, vers 1810, par Garbizza.

Très rare épreuve à l'état d'eau-forte.

108. Vue de la cour et des jardins du Palais-Royal en 1827, par W. Daniell.

Très belle épreuve en couleur.

109. Pie VII visitant l'institution des Sourds et Muets le 23 février 1805. — Pie VII bénissant les fidèles, assemblés dans son appartement au pavillon de Flore, le 8 mars 1805. 2 pièces dessinées et gravées à la manière du lavis, par Marlé.

110. Portail de la Mercy. — Plans du séminaire de Saint-Sulpice. — Plan des Théatins. Décoration du maître-autel et sanctuaire de Saint-Jean-en-Grève. — Vue intérieure de la nouvelle église de Sainte-Geneviève. — Confrérie royale des Frères

de la Passion érigée en l'église des RR. Pères Jacobins. — Tombeau du cardinal de Richelieu à la Sorbonne, etc. 11 pièces.

111. Vue perspective de l'entrée de l'hôtel de Mme de Thélusson, 1789. — Vue des jardins de l'hôtel de Thélusson. — L'Hôtel de Thélusson au moment de sa démolition, 1823. 4 pièces gravées et lithographiées.

112. Vues et plan du château des Tuileries vers 1660. 3 pièces en plusieurs feuilles par Jean Marot et Is. Silvestre.

113. Vue de Paris représentant le château des Tuileries, 1810. gravée par Monsaldi d'après Garbizza.

114. Vue du Vauxhall de la foire Saint-Germain. *A Paris, chez Lerouge.*

Très belle et rare épreuve avec une très grande marge.

115. « Profil du mont Valérien, autrement dit le Calvaire, cõme il se voit de Longchamps. » *B. Montcornet exc.*

Très belle épreuve. Rare.

116. La même estampe.

Belle épreuve.

117. Vue de la place des Victoires où M. le maréchal duc de La Feuillade a dressé un monument public à la gloire de Louis le Grand. 1686. *A Paris, chez J. Nolin.*

Très belle épreuve avec marge. Rare.

118. Vue des travaux de la colonne de la place Vendôme. Gravé à l'eau-forte par Duplessis-Bertaux, 1810.

Très belle et rare épreuve avant la lettre.

119. « Le Dessein du magnifique bastiment de l'Hôtel de Ville de Paris augmenté du règne de Henri le Grand, 4e du nom, roi de France et de Navarre, 1613. » Grande planche en 2 feuilles, par Cl. Châtillon.

Superbe épreuve du premier état avec la légende explicative; elle est avant divers changements et avant que la date de 1614 ait été remplacée par celle de 1615. Très rare.

120. Vue perspective de la salle du Bal construite dans la cour de l'Hôtel de Ville. — Coupes, décorations et élévations des différents côtés de ladite salle. 5 pièces extraites de l'ouvrage intitulé : *Festes données par la ville de Paris à l'occasion du mariage de Mme Louise-Élisabeth de France et de Don Philippe infant d'Espagne*, 1739.

121. Vue de l'Hôtel de Ville de Paris, par l'hôtel des Ursins. Gravé par L. Legrand, d'après Raguenet.

Très belle épreuve.

122. Arrivée du Roi et de la Reine sur la place de l'Hôtel de Ville. — Feu d'artifice tiré sur la place de l'Hôtel de Ville. — Le Festin Royal donné au Roi et à la Reine par la ville de Paris le 21 janvier 1782 à l'occasion de la naissance de Mgr le Dauphin. 3 pièces dessinées et gravées par Moreau le Jeune.

Anciennes et très belles épreuves. Les deux premières pièces sont avant la lettre.

123. Vue de la décoration élevée en face de la place de Grève, de l'autre côté de la rivière, à l'occasion de la fête donnée à Leurs Majestés par la ville de Paris le 16 décembre 1804. — Vue de la place de Grève, de l'Hôtel de Ville et des deux ailes élevées sur cette place, à l'instant où la voiture de Leurs Majestés arrive, 16 décembre 1804. — Réception de S. M. Louis XVIII à l'Hôtel de Ville de Paris par le corps municipal le 29 août 1824. 3 pièces dont deux sont gravées par Lecœur.

124. Vue de Paris, d'après une ancienne tapisserie de Beauvais. — Vue de l'abbaye Saint-Antoine au xve siècle. — Vues panoramiques prises de la tour Saint-Jacques et de la tour Saint-Gervais. — Paris et ses 12 arrondissements etc. 23 pièces gravées et lithographiées.

125. Jardin du Delta, faubourg Poissonnière, vers 1818. — Prise du Palais-Royal, 29 juillet 1830. — Arrivée du général La Fayette à l'Hôtel de Ville. — Pont Royal le 19 novembre 1832. — L'Homme au petit manteau bleu. — Marché Saint-Martin, etc. 8 anciennes et curieuses lithographies par Charlet, Marlet et autres.

126. Incendie du Théâtre Royal Italien, 15 janvier 1838. — Prise de la barricade du faubourg Poissonnière, juin 1848. — Mgr Affre sur les barricades. — Sa mort, etc. 18 pièces lithographiées, et provenant de journaux illustrés.

127. Vue perspective du pont projeté par le sieur Perronet pour être construit sur la Seine, au droit de la place Louis XV. Grande pièce gravée par Berthault d'après le dessin du sieur Le Sage.

128. Élévation d'une salle projetée sur le terrain compris entre le Palais-Royal et la rue des Bons-Enfants. — Élévation per-

spective du projet de l'hôtel de Condé. — Vue géométrale de la nouvelle église Sainte-Geneviève, etc. 9 pièces représentant des projets non exécutés.

129. Projet d'un monument à la gloire du Roi en face de la statue de Henri IV. — Vue perspective de la place Louis XV et des 4 colonnades dans l'une desquelles une compagnie offre au gouvernement de construire à ses frais la salle de l'Opéra. — Vue perspective d'une place projetée devant la colonnade du Louvre. — Vue générale d'un projet d'Hôtel-Dieu. — Projet d'un monument pour consacrer la Révolution. — Colonne de la Liberté projetée sur l'emplacement de la Bastille. — Élévation perspective d'un monument sépulcral projeté pour le département de la Seine, etc. 11 pièces représentant des projets non exécutés.

VUES GÉNÉRALES, VUES PARTIELLES ET MONUMENTS DE PARIS A DIVERSES ÉPOQUES

PETITES PIÈCES

130. Vue de Paris, 1494. Pièce gravée sur bois extraite de la *Chronique de Nuremberg*

131. Vues générales de Paris. 3 pièces gravées par Brébiette et Mérian.

132. Portraits équestres de Louis XIII, dans les fonds une vue générale de Paris, 1620-1623. 2 pièces dont l'une est gravée par Th. de Leu.

133. Vue générale de Paris, 1654. Grande pièce en trois feuilles, extraite de la *Topographia Galliæ* de G. Mérian.

134. Vues générales de Paris, 1643-1687. 6 pièces dont trois sont des titres de livres.

135. Vue de la ville de Paris de Mont-Louis, entre le Menil-Montant et Charonne. — Vue de la ville de Paris dessinée du haut de l'abbaye royale de Chaillot. — Vue générale de Paris vers 1690. 3 pièces dont deux sont gravées par Nolin d'après N. Boquet.

136. Vue de Paris du côté du Nord, vers 1700. Pièce rare gravée dans le goût de B. Picart.

137. Vues générales de Paris, de 1680 à 1710. 8 pièces dont cinq sont gravées par Perelle et Aveline.

138. Vue d'une partie de la ville de Paris depuis le carefour de Saint-Germain l'Auxerrois jusqu'à l'hôtel de Conty. — Vue de la ville de Paris du côté de l'Isle Notre-Dame. 2 pièces dessinées et gravées par J. Chaufourier vers 1725.

139. Vues générales de Paris, 1740-1785. 5 pièces dessinées et gravées par et d'après Rigaud, Lespinasse et autres.

140. Vues générales de Paris, 1804-1845. 10 pièces, dont quelques-unes sont imprimées en couleur.

141. Vue de l'abattoir dit de Villejuif vers 1828. — Maison d'Abeilard. — Maison de M. Alexandre, rue de la Ville-l'Évêque. — Vues de l'Ambigu-Comique. — Vues de l'Amphithéâtre anatomique. — Vue actuelle de l'École de médecine. 18 pièces gravées et lithographiées.

142. Hôtel Ancezune. — Hôtel du maréchal d'Ancre. — Église Saint-André-des-Arts. 12 pièces gravées par J. Marot, Bérain et autres.

143. Amphithéâtre d'anatomie, rue de la Bûcherie, 2 pièces titres de livres, gravées par L. Gaultier et C. de Passe, 1628.

144. Hôtel d'Angoulême. 3 pièces dont deux sont gravées par Boisseau et Is. Silvestre.

145. Porte Saint-Antoine. 14 pièces par et d'après J. Marot, Perelle, Cochin et autres.

146. Première vue des boulevards près la porte Saint-Antoine.
Curieuse vue d'optique coloriée du temps.

147. Abbaye de Saint-Antoine. — L'Ambassadeur du roi de Maroc, passant à la porte Saint-Antoine. — Petite maison sur le boulevard de la porte Saint-Antoine. — Pillage du faubourg Saint-Antoine, 1790, etc. 32 pièces gravées et lithographiées.

148. M. de Belloy, archevêque de Paris, exposé sur son lit de parade en son palais épiscopal le 10 juin 1808. — Le Peuple au palais de l'archevêché en 1830. — Derniers moments de Mgr Denis Affre, 1848. — Hôtel d'Argenson. 9 pièces gravées et lithographiées.

149. Spectacle burlesque importé d'Angleterre ayant eu lieu à Paris devant l'hôtel d'Armagnac, rue Saint-Honoré en 1425.
Très belle épreuve d'une petite estampe curieuse gravée vers l'an 1600.

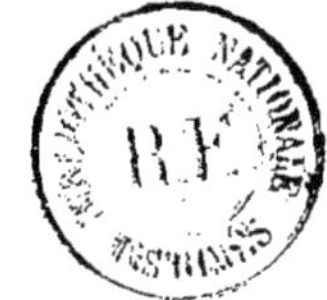

150. Plans et vues de l'Arsenal. — Magasin d'armes du petit Arsenal. 10 pièces dessinées et gravées par et d'après Merian, Lespinasse, Fourier et autres.

151. Intérieur de l'église des Grands-Augustins. — Réception d'un chevalier dans l'église des Grands-Augustins. 2 pièces gravées par S. Leclerc et Drouilly, cette dernière est très rare.

152. Église de l'Assomption. – Plans et vues de l'église et du couvent des Grands et Petits-Augustins. — Vues du musée des Grands-Augustins. 28 pièces dont plusieurs par Is. Silvestre.

153. Église des filles de l'Annonciade. — Église d'Auteuil. — Maison de M. Prévost à Auteuil. — Le duc d'Angoulême visitant la caserne de l'Ave-Maria. 12 pièces gravées par Is. Silvestre et autres.

154. Prise de la caserne de Babylone. — Maison habitée par Balzac. — Hôtel de la Vrillière (la Banque). — Destruction de la communauté de Sainte-Barbe. — Vues et détails de l'hôtel Barbette. — Couvent des Barnabites. 20 pièces gravées et lithographiées.

155. Vues de la Bastille. 7 pièces gravées par Boisseau, Is. Silvestre et Perelle.

156. La Glorieuse Entrée du nonce à Paris au mois d'aoust 1732, vue prise au moment où il passe devant la Bastille. — Les Convulsionnaires à la Bastille. 3 pièces rares.

157. Prise de la Bastille, 19 pièces dont sept très rares sont gravées en couleur.

158. Délivrance du comte de Lorges par la Nation ce 14 juillet 1789. -- Le Squelette au masque de fer trouvé par la Nation ce 14 juillet 1789. 2 pièces sur une même feuille.
Curieuse image du temps.

159. Démolition de la Bastille. 8 pièces dont sept sont gravées en couleur.

160. Vue de la Bastille à différentes époques. 30 pièces gravées et lithographiées; plusieurs sont en couleur.

161. Magasin d'estampes de Basan. — Cour Batave. -- Vue de la Grange Batelière. — Vue des Batignolles. — Hôtel Bautru. — Hôtel de M. de La Bazinière. — Jardins de Beaujon. — Maison de Beaumarchais. — Hôtel et collège de Beauvais.

30 pièces gravées et lithographiées, plusieurs sont coloriées.

162. Plans et vues de Belleville. — Maison de Benjamin Constant. — Vue et détails de l'église Saint-Benoît. — Fontaine Saint-Benoît. — Plans et vues de Bercy. — Hôtel Bergeret. 96 pièces gravées et lithographiées, deux sont en couleur.

163. Première porte Saint-Bernard. 3 pièces gravées par Is. Silvestre.

Très belles épreuves, dont l'une servant de titre est avant la lettre.

164. Vues de la première et de la seconde porte Saint-Bernard à différentes époques. 20 pièces, dont plusieurs sont en couleur.

165. Plans et vues de l'église des Bernardins. — Halle au Beurre. — Bibliothèque nationale. — Rivière de Bièvre, etc. 20 pièces dont plusieurs sont gravées par Boisseau et Is. Silvestre.

166. Histoire du Juif de la Rue des ··· en 9 tableaux d'après les tapisseries du XVIe siècle conservées dans le couvent des Billettes (couvent des Carmes), 1634.

Suite rare.

167. Fontaine de Birague. — Hôtel de Bizeuil. — Maison dite de la Reine-Blanche. — Vues et détails de l'église des Blancs-Manteaux. — La Halle aux Blés. 23 pièces gravées et lithographiées.

168. « Ville de Paris. Bal pour le peuple à la nouvelle Halle (Halle au Blé), 7 décembre 1783. Billet de gallerie pour deux personnes. »

Très curieux billet gravé sur bois.

169. Promenade du bœuf gras. — Hôtel Bonaparte. — Maisons habitées par Bonaparte. — Bazar Bonne-Nouvelle. — Bonshommes de Passy. — Couvent des Bonshommes à Chaillot. 23 pièces imprimées en noir et en couleur, gravées et lithographiées.

170. Théâtre de l'hôtel de Bourgogne. Très jolie petite pièce formant le titre de la rare édition de 1615, du livre intitulé : *les Fantaisies de Bruscambille.*

171. Les Comédiens de l'hôtel de Bourgogne, 1618. — Farce jouée à l'hôtel de Bourgogne. 2 pièces éditées par Mariette.

172. Café du Bosquet, rue Saint-Honoré. — Boulevards du sud de la rive gauche. — Impasse des Bourdonnais. — Hôtel de

Bourgogne. — Théâtre de l'hôtel de Bourgogne. — Place de la Bourse. — Couvent Sainte-Croix de la Bretonnerie. — Hôtel de la marquise de Brunoy. — La Porte Bussy. 28 pièces gravées et lithographiées dont plusieurs sont imprimées en couleur.

173. Vue de l'hôtel de Monsieur de Bretonvilliers. 7 pièces gravées par Is. Silvestre, Merian et Le Pautre.

174. Palais du Petit-Bourbon. 6 pièces rares gravées par et d'après Perelle, Rigaud, Lespinasse et autres.

Très belles épreuves dont l'une est à l'état d'eau-forte.

175. Rue des Trois Canettes. — Vues du premier et du second couvent des Capucines. — Lycée Bonaparte. — Plans et vue des Capucines de la rue Saint-Jacques. 20 pièces gravées et lithographiées.

176. Le Véritable Portraict de Notre-Dame de la Paix coloquée dans le mur des Révérends Pères Capucins rue Saint-Honoré. — Description du laboratoire des Capucins du Louvre. — Portrait du R. P. Ange de Joyeuse. 3 pièces rares gravées par Le Pautre et I. Picart.

177. Vues du couvent des Carmélites de la rue Saint-Jacques. — Plans et vues du couvent des Carmes Déchaussés. — Plans et vues du couvent des Carmes de la place Maubert. 24 pièces gravées par Is. Silvestre, J. Marot et autres.

178. Hôtel Carnavalet. — Place du Carrousel. — Inauguration du buste de Marat qui a été élevé place du Carrousel. — Hôtel de Nantes. 12 pièces gravées par Is. Silvestre, J. Marot, Martial et autres.

179. Pillage de l'hôtel de Castries. — Vue du Cloître Sainte-Catherine du Val des Écoliers. — Rue Culture-Sainte-Catherine. — Vues des Catacombes. 25 pièces.

180. Plans, vues, détails et tombeaux des Célestins. 45 planches gravées par J. Marot, Perelle et autres.

181. Plans et vues de Chaillot; de la Pompe à feu. 15 pièces, dont une très rare gravée par Zeeman.

182. Vue du village de Chaillot. — Retour des Héroïnes parisiennes après l'expédition de Versailles, 5 octobre 1786. — Miracle arrivé à Paris à la procession de Saint-Côme, en faveur du sieur Deport. 4 pièces rares.

183. Fief du Chardonneret. — Hôpital de la Charité. — Passage Charlemagne. — Plans, vues et détails des Chartreux. 40 pièces par J. Marot, Campion et autres.

184. Les Sœurs de la charité allant par les rues. — L'École des sœurs de la charité. 2 petites pièces gravées par Demortain.

185. Portail des églises haute et basse de la Sainte-Chapelle de Paris (vers 1630).

Pièce très rare gravée par P. Brébiette.

186. Vues de la Sainte-Chapelle. 20 pièces anciennes et modernes.

187. Passerelle du Pont au Change, par Meryon.

Superbe épreuve avant l'inscription, sur papier de Chine volant.

188. Partie de la Cité de Paris, vers la fin du XVIIe siècle, sur la rive gauche de la Seine, entre le pont au Change et le pont Notre-Dame, gravé par Meryon.

Superbe et très rare épreuve avant toutes lettres et avant la bordure, sur chine volant.

189. La même estampe.

Très belle épreuve sur papier vergé.

190. Vues du pont au Change. 18 pièces gravées par et d'après Perelle, Aveline, Meryon et autres, plusieurs sont coloriées.

191. Vue et perspective du Pont-Neuf et du pont au Change par Is. Silvestre.

Très belle épreuve avec marge. Très rare.

192. Vues des Champs-Élysées. — Réjouissances publiques aux Champs-Élysées. 15 pièces gravées et lithographiées.

193. Vues du Château-d'Eau. — Pyramide élevée sur l'emplacement de la maison de Jean Châtel. 10 pièces gravées et lithographiées.

194. Le Grand et le Petit Châtelet. — Fontaine de la place du Châtelet. 32 pièces par Is. Silvestre, Campion, Meryon et autres, plusieurs pièces sont imprimées en couleur.

195. Cabinet du duc de Chaulnes. — Vue extérieure et intérieure de l'église de Saint-Chaumont. — Buttes Saint-Chaumont. — Marché aux chevaux. 16 pièces dont plusieurs en couleur.

196. La Ville de Paris vue du côté du Marché aux chevaux, gravé par Perelle.

Pièce rare.

197. Hôtel de Chevreuse. — Bains chinois. — Restes du collège des Cholets. — Rue Saint-Cristophe. 12 pièces gravées et lithographiées, dont plusieurs par J. Marot.

198. Plans et vues de la Cité. 20 pièces par et d'après Is. Silvestre, Mérian, Rigaud et autres, plusieurs sont imprimées en couleur.

199. Cimetière de Clamart. — Pré aux Clercs. — Place et barrière de Clichy. — Rue du Clos-Bruneau. — Plans, vues et détails du collège de Cluny. 30 pièces gravées et lithographiées.

200. Rue Cocatrix, — Hospice Cochin. — Portrait et maison de M. de Coigneux. — Maison de M. de Colanges. — Hôtel Colbert. — Vue de la rotonde de la galerie Colbert. — Meurtre de Coligny. — Colisée. — Combat des animaux rue de Sèvres. 20 pièces dont plusieurs en couleur par Sergent.

201. « Le Grand College roial basti a Paris du regne de Henri le Grand, quatrième du nom, roy de France et de Navarre, par C. Chatillon. »

Très belle épreuve d'une estampe rare représentant un projet non exécuté.

202. Comédie-Française. — Ancien Tribunal de commerce. — Vues de la Chambre des comptes. 9 pièces par Perelle et autres.

203. Inauguration de la place Louis XV. — Vue perspective de la place Louis XV. — Statue équestre de Louis le Bien-Aimé sur la place Louis XV. — Vues de la place Louis XV. 11 pièces par et d'après Cochin, Gravelot, Moreau, Lespinasse et Ozanne.

204. Vue perspective des fêtes, jeux et feux d'artifice sur l'eau, entre la place Louis XV et le Palais Bourbon, à l'occasion de la paix, 1783.

Curieuse vue d'optique coloriée du temps.

205. Vue de la place Louis XV et du palais des Tuileries, gravée par Guyot, d'après Sergent.

Très belle épreuve en couleur.

206. Les Gardes françaises repoussant le Royal-Allemand, sur la place Louis XV, par Sergent.

Superbe et très rare épreuve en couleur, avant toutes lettres. Marge.

207. Les Bustes de MM. d'Orléans et Necker, portés à la place

Louis XV. — Pillage du Garde-Meuble. — Exécution de Louis XVI. — Les Voitures de Versailles. — Élévation de l'obélisque de Louqsor, etc. 16 pièces gravées et lithographiées.

208. Concert méchanique inventé par M. Richard, exposé à la Bibliothèque du Roi, 1769. Gravé par de Longueil d'après Eisen.

Très belle épreuve tirée avant la suppression du lustre.

209. Plans et vues de l'hôtel de Condé et de ses jardins. 7 pièces dont une en couleur, par J. Marot, Perelle et autres.

210. Porte de la Conférence. 10 pièces par Is. Silvestre, Gillot et autres.

211. Plans et vues de l'hôtel de Conty. — Pyramide élevée rue du Coq en mémoire de l'hiver de 1784. — Hôtel de Cossé. — Cours de la Reyne. — Plans du couvent des filles de la Croix. — Rue et Moulin Croulebarbe. — Rue du Petit-Crucifix. — Maison de Corneille. 20 pièces gravées et lithographiées.

212. Meurtre de la bergère d'Ivry, rue Croulebarbe, le 26 mai 1827.

Pièce rare gravée à la manière noire.

213. Plans et vues du couvent des Cordelières. — Plans, vues et détails du couvent des Cordeliers. — Tombeau de J. P. Marat, élevé sur sa tombe, cour des ci-devant Cordeliers. 16 pièces.

214. Vue de l'hôtel de M. le mareschal Daumont. — Vue de la maison de M. Demonville. — Chambre des députés. — Diorama. — Maison de M. Le Doux, rue du Dragon. — Maison du docteur Dubois. 24 pièces gravées et lithographiées, plusieurs sont en couleur.

215. Vues de la place Dauphine. 10 pièces par Della Bella, Is. Silvestre, J. Marot et autres.

216. Arc triomphal élevé devant la porte Saint-Denis pour l'entrée à Paris de Henri II, 1549. — Arc triomphal élevé devant la porte Saint-Denis pour l'entrée de Charles IX, 1571, etc. 6 pièces rares gravées sur bois, extraites de livres.

217. Plans et vues de la première et de la seconde porte Saint-Denis. — Vue de l'église Saint-Denis de la Châtre. 8 pièces gravées par Is. Silvestre, Perelle et autres.

218. Vues de la Porte Saint-Denis. — Entrée du pape Pie VII à Paris. — Le Marchand de galette de la porte Saint-Denis, etc. 15 pièces gravées et lithographiées.

219. Le Charlatan français (place de l'École), gravé par Helman d'après Duplessis-Bertaux.

Superbe épreuve avant la dédicace. Grande marge.

220. Fontaine de la place de l'École. — Barrière de l'École militaire. — Vue des écuries du duc d'Orléans. — Hôtel Egerton. — Vue de l'église Sainte-Élisabeth. 14 pièces dont plusieurs par Is. Silvestre et J. Marot.

221. Le Jardin de l'hôtel d'Évreux. — Vue de l'Élisée-Bourbon. — Rue Saint-Éloi. — Vues de l'hospice des Enfants trouvés. — Entrée de la reine Isabeau à Paris. 20 pièces gravées et lithographiées.

222. Entrée de la reine Anne d'Autriche à Paris, par Rabel.

Très belle épreuve d'une charmante petite pièce. Rare.

223. Retour du roi dans sa capitale le 8 juillet 1815, vue prise du boulevard des Capucines. — Entrée du comte d'Artois, depuis Charles X. 2 pièces gravées par Lambert et Lerouge.

Très belles épreuves dont l'une est à l'état d'eau-forte.

224. Vue du canal Saint-Martin. — Saint-Étienne-des-Grès. — Saint-Étienne-du-Mont. 25 pièces, gravées et lithographiées.

225. Arrivée des remplaçants. — Départ des remplacés ou tableau de Paris et de la France en floréal. 2 pièces faisant pendants.

Très belles épreuves.

226. Place de l'Europe. — Vues et détails de l'église Saint-Eustache. — Hôtel de W. Falconi. — Maison de la rue aux Fèves. — Maison de Fieschi. — Hôtel de Tieubet. — Filles-Dieu. 30 pièces gravées et lithographiées.

227. Assassinat de Henri IV, rue de la Ferronnerie. — Illuminations de la rue Ferronnerie. 7 pièces anciennes et modernes.

228. Église des religieuses feuillantines. — Vues et détails des Feuillants. 25 pièces dont un grand nombre de très intéressantes, par Is. Silvestre, A. Flamen, J. Marot et autres.

229. Maison de N. Flamel. — Marché aux fleurs. — Établissement du quai aux fleurs. — Barrière Fontainebleau. — Hôtel Fontenay-Marville. — Prison de la Force. — Hôtel de la Force. Fortifications de Paris. — Rue du Fouarre. — Maison de M. W. de Sainte-Foy. — Hôtel du général Foy. — Hôtel de François Ier. 30 pièces anciennes et modernes, dont plusieurs sont en couleur.

230. Les Gardes Françaises repoussent le détachement de Royal-Allemand, commandé par le prince de Lambesc, rue Basse-du-Rempart dans la nuit du dimanche 12 juillet 1789. Dessiné et gravé par Sergent.

Superbe épreuve en couleur. Grande marge.

231. Exercices des frères Franconi. — Frascati. — Rue des Frondeurs. — Fontaine Gaillon. — Théâtre de la Gaîté. — Caserne des gardes françaises. — Moulin Garnier. — Plans, vues et détails de l'abbaye Sainte-Geneviève. — Sainte-Geneviève des Ardents. — Vues de la Glacière et de Gentilly. 55 pièces anciennes et modernes.

232. Sainte-Geneviève, *Messager exc.;* dans le fond la vue de la porte Bordelle. — Sainte-Geneviève, eau-forte de Bréhiette. Vue intérieure de Sainte-Geneviève, vers 1640, par A. Bosse. — Le Serment civique du district de Saint-Étienne-du-Mont. 5 pièces curieuses dont une en couleur.

233. Monographie de Sainte-Geneviève, patronne de Paris. — 100 pièces gravées et 16 dessins.

Réunion des plus intéressantes et qui serait maintenant impossible à former.

234. Vues et détails de l'église Saint-Germain-l'Auxerrois. 22 pièces dont quelques-unes par Is. Silvestre et J. Marot.

235. Plans, vues et détails de l'abbaye de Saint-Germain-des-Prés. 50 pièces anciennes et modernes.

236. Maison de M. de Saint-Germain. — Plans et vues de la foire Saint-Germain. 15 pièces parmi lesquelles quelques vues d'optique coloriées du temps.

237. Plans et vues de l'église Saint-Gervais. — Rue Saint-Gervais. — Carrefour Saint-Gervais. — Charniers de Saint-Gervais. — Collège des Grassins. — Plans et vues de Grenelle. — Rue Grenier-sur-l'Eau. — La Grenouillère. — Quai de la Grève. 35 pièces anciennes et modernes.

238. Vue du quai de Gesvres et du pont Notre-Dame de Paris, par Is. Silvestre. — Vue du dessous du quai de Gesvres, eau-forte de Péquegnot. 2 pièces très rares.

239. Plans et vues des Gobelins. 12 pièces, gravures et eaux-fortes anciennes et modernes.

240. Plans et vues du Gros-Caillou. — Hôtel Guénégaud. — Rue et passage Saint-Guillaume. — Hôtel de Mlle Guimard. — Plans

et vues des Halles, à diverses époques. 30 pièces gravées et lithographiées, quelques-unes sont en couleur.

241. Gruet au pilory. — Charles Roger au pilori. — Jugement rendu par M. le lieutenant civil contre J. Bayard et J. N. Samson, etc. — Le Pilori vers 1780. 4 pièces rares et curieuses.

242. Pavillon de Hanovre. — Hôtel et collège d'Harcourt. — Tourelle rue Hautefeuille. — Maison de M. Hesselin. — Hippodrome. — Jardin d'Hiver. — Porte Saint-Honoré. — Hôtel de l'Hôpital. — Quai de l'Horloge. — Pont d'Iéna. 45 pièces, dont quelques-unes par Is. Silvestre et Perelle.

243. Plans et vues de l'Hôtel-Dieu à diverses époques. 25 pièces en noir et en couleur, dont quelques-unes par Is. Silvestre.

244. Plans et vues du cimetière et de la fontaine des Innocents à diverses époques. 30 pièces anciennes et modernes, quelques-unes sont en couleur.

245. Monument commémoratif de Pernelle au cimetière des Innocents, original et copie. — Épitaphes. — Vues des charniers, etc. 9 pièces par Della Bella, Is. Silvestre et autres.

246. Plans et vues de l'Institut. — Plans et vues des Invalides. 25 pièces anciennes et modernes.

247. Le Duc du Châtelet voulant passer le bac devant les Invalides est poursuivi par le peuple et sauvé de ses mains par des gardes françaises le lundi 13 juillet 1789. Dessiné et gravé par Sergent.

Superbe épreuve en couleur. Marge.

248. Maison d'Isabey. — Boulevard des Italiens. — Vues et détails des Jacobins de la rue Saint-Jacques et de la rue Saint-Honoré. 40 pièces, gravures et eaux-fortes anciennnes et modernes.

249. Club des Jacobins. 6 pièces dont deux sont avant la lettre et à l'état d'eau-forte.

250. Portrait de Louis XIII enfant; au fond la vue de son entrée à Paris par la porte Saint-Jacques, 1610 (?). Gravé par C. de Passe.

251. Plans et vues de la porte Saint-Jacques. — Maisons rue Saint-Jacques. — Barrière Saint-Jacques. — Vues de la tour Saint-Jacques-la-Boucherie. — Portail de l'église Saint-Jacques-du-Haut-Pas. — Église Saint-Jacques-du-Haut-Pas. 35 pièces anciennes et modernes.

252. Service funèbre du général Foy, en l'église Saint-Jean au faubourg Montmartre. — Vues et détails de l'église Saint-Jean-en-Grève. — Plans, vues et détails de l'église Saint-Jean-de-Latran. 25 pièces, gravées et lithographiées.

253. Tourelle de la rue du Jardinet. — Hôtel de M. de Jarre. — Vues et détails de l'église de la maison professe des révérends Pères Jésuites rue Saint-Antoine. — Cour et rue de la Juiverie. — Saint-Julien-le-Pauvre. 25 pièces, gravures et eaux-fortes, anciennes et modernes, dont quelques-uns par Is. Silvestre et J. Marot.

254. Arc dressé en 1549 devant le grand escalier du Palais. — Porte Saint-Antoine. 2 très jolies pièces gravées sur bois par G. Tory faisant partie de l'entrée de Henri II et de Catherine de Médicis à Paris, 1539.

255. Lit de justice tenu par Louis XIII, à qui sa mère remet la couronne (salle du Palais dite Chambre dorée). Très rare et très jolie petite pièce gravée par Rabel.

256. Galerie du Palais. 3 petites pièces dont une très rare, signée du monogramme L. S., doit probablement être la vignette de l'une des premières éditions de la pièce de ce nom, par Pierre Corneille.

257. Vues du Palais de Justice. 3 pièces rares par Boisseau et Is. Silvestre.

258. Portrait de Damiens. — Damiens dans son cachot. — Son supplice. 4 pièces rares.

259. « Le Retour du Parlement, Louis XVI apuié sur sa vertu relève la Justice qui ramène la Félicité publique, 1774 » ; dans le fond la vue de la Sainte-Chapelle et du Palais de Justice.

Très belle épreuve d'une pièce allégorique que nous croyons gravée par G. de Saint-Aubin, elle est de la plus grande rareté et est non décrite.

260. Charles-Philippe d'Artois sortant de la cour des aides de Paris 1787. — Lit de Justice tenu au Palais, 1787. — Arrestation de d'Epresménil, 1788. — Le Maire de Paris allant au Palais poser les scellés sur les papiers du Parlement, 1790. — Grande Salle du Palais de Justice. — Les Frères Agasse allant au supplice. 8 pièces.

Très belles épreuves dont deux sont avant la lettre et à l'état d'eau-forte.

261. Plans et vues intérieures et extérieures du Palais de Justice. — Lits de justice tenus au Palais. 28 pièces anciennes et modernes.

262. Vues extérieures et intérieures du Palais de Justice, de 1815 à nos jours. 32 pièces gravées et lithographiées.

263. La Vieille Tour du Palais de Justice. — Le Pont au Change. — La Tour de l'Horloge. 3 pièces gravées par Meryon.

Très belles épreuves avant la lettre, sur chine collé; l'épreuve du Pont au Change est avec un seul ballon.

264. Plans et vues de la Foire Saint-Laurent. 5 pièces dont une très petite vignette signée Rauly, représentant un des théâtres de la Foire.

265. Plans et vues du Père La Chaise au Mont-Louis. — Hôtel Lambert. — Vues et détails de l'église Saint-Landry en la Cité. — Cabaret du Lapin blanc, rue aux Fèves. — Hôtel La Rochefoucault. — Église Saint-Laurent. — Rue des Lavandières. 40 pièces gravées et lithographiées.

266. Plans et vues de l'église et de la prison de Saint-Lazare. — Archives des chevaliers de Saint-Lazare. — Hôtel de Léon. — Église Saint-Leu. — Hôtel de Liancourt. — Loterie sous l'Empire, rue des Petits-Champs. — Plans et vues du lycée Louis-le-Grand. — Saint-Louis du Louvre. — Plans et vues de l'hôpital Saint-Louis. 48 pièces anciennes et modernes en noir et en couleur, dont quelques-unes sont gravées par Is. Silvestre, J. Marot et Perelle.

267. Ile Saint-Louis. — Pont Louis-Philippe. — Barrière de Lourcine. — Ile Louviers. — Hôtel Louvois. 30 pièces en noir et en couleur par Is. Silvestre, J. Marot, Perelle, Descourtis et autres.

268. Plans, vues et détails sur le Louvre, 1620 à 1700. 20 pièces par Boisseau, Perelle et autres.

269. Le Pallais et le Louvre, à Paris.

Petite pièce très rare gravée par Mathieu Merian.

270. Vue du Louvre. — Tuileries. — Tour de Nesles. 7 pièces gravées par Goyrand et Is. Silvestre.

271. Vue de la Colonnade du Louvre, au moment de la démolition du Petit-Bourbon. — Réception d'un académicien, 1715, dans une des salles du Louvre. 3 vignettes rares.

272. Plans et vues extérieures du Louvre, de 1720 à nos jours. 30 pièces gravées et lithographiées dont quelques-unes avant la lettre et une vue d'optique coloriée du temps.

273. Vues du Palais et des Jardins du Luxembourg. 18 pièces par Is. Silvestre.

Très belles épreuves dont la plupart ont toutes leurs marges.

274. Plans et ues du palais et des jardins du Luxembourg. 20 pièces par Pérelle et autres.

275. Hôtel de M. le duc de Luynes. — Aspect du pont Saint-Michel, quay des Augustins tels qu'ils sont vus de la porte de Luynes. 2 pièces par Is. Silvestre et N. Bercy.

276. Trait de bienfaisance de Elleviou, boulevard de la Madeleine. — Pompe funèbre en l'honneur de Simoneau, maire d'Étampes. — Boulevard de la Madeleine. — Plans, vues et détails de l'église de la Madeleine. — Église Saint-Magloire. — Hôtel du Maine. 25 pièces anciennes et modernes.

277. Hôtel du Maine. — Vue de la porte de la Conférence et du quai Malaquais. 2 pièces très rares gravées par Châtillon et Is. Silvestre.

278. Hôtel de M. Mansart. — Plan des bâtiments et jardins de M. Marbœuf. — Plans et vues du quartier Saint-Marcel. — Vue prise au quartier Saint-Marceau. — La Perspective du jardin des marchands à l'une des portes de Paris, faubourg Saint-Denis. — Collège de la Marche. — Église Sainte-Marguerite. — Le quay de la Grève, le pont Marie et le pont Saint-Landry. — Passage de la Marmite. — Rue des Marmousets. 28 pièces anciennes et modernes dont quelques-unes par Zeeman et Pérelle.

279. Le Cordonnier. — Le Pâtissier. 2 pièces gravées par A. Bosse.

Très belles épreuves.

280. Établissement de l'École royale militaire. — Plans et vues du Champ de Mars à diverses époques. — Fête de la Fédération. 20 pièces anciennes.

281. Vue du Champ de Mars le 12 juillet 1789. *A Paris, chez Basset.*

Très belle épreuve d'une jolie pièce en couleur.

282. Impasse Martial. — Plans, vues et détails de l'abbaye de Saint-Martin-des-Champs. — Canal Saint-Martin. — Porte Saint-Martin. — Théâtre de la Porte Saint-Martin. — Rue et Carré Saint-Martin. — 35 pièces dont quelques-unes en couleur.

283. Barrière des Martyrs. — Vues et détails de l'église des Mathurins. — Place Maubert. — Prison de Mazas. — Quai de la Mégisserie. — Plans et vues de Ménilmontant. — Église de la Mercy. — Église Saint-Merry. 35 pièces anciennes et modernes, plusieurs par Is. Silvestre et Pérelle.

284. La Rue des Mauvais-Garçons, par Meryon.

Superbe épreuve sur chine volant.

285. Plans et vues de l'église Saint-Médard. — Miracles opérés sur le tombeau du Diacre Paris. 24 pièces dont un grand nombre de très curieuses.

286. « Le Magnétisme animal, importante découverte, par M. Mesmer, docteur en médecine de la Faculté de Vienne en Autriche. »

Curieuse image coloriée du temps.

287. Pont aux Meuniers. — Chapelle Saint-Michel du Palais. — Église des Minimes. — Portrait et maison de Mirabeau. — Maison de Molière. — Barrière Monceaux. — Rue Mondétour. 25 pièces anciennes et modernes.

288. Vues du pont et du quai Saint-Michel. 15 pièces gravées par Is. Silvestre, Pérelle et autres.

289. Le Gibet de Montfaucon. Petite pièce sur bois, coloriée, provenant d'une chronique, impression gothique.

Excessivement rare.

290. Hôtel de la Monnaie. — Hôtel Montbazon. — Plans et vues de l'hôpital Saint-Louis et de Montfaucon. — Hôtel de Montmorency. — Maison de M. de Montholon. — La Morgue. — Château de la Muette. 45 pièces anciennes et modernes, plusieurs sont en couleur.

291. Portrait d'une abbesse de Montmartre, au fond la vue du portrait de l'église de l'abbaye, 1640. Très rare et très jolie petite pièce gravée par G. Huret.

292. Plans et vues de Montmartre. 35 pièces anciennes et modernes.

293. Vue de Saint-Étienne-du-Mont et du collège Montaigu, par Meryon.

Très belle épreuve avant les inscriptions, sur chine collé.

294. La Morgue, par Meryon.

Deux épreuves, dont l'une, sur chine collé, est avant le titre et les inscriptions dans l'estampe.

295. Quai Napoléon. — Plans, vues et détails du collège de Navarre. — Église des Pères de Nazareth. — Hôpital Necker. — Marché Neuf. 20 pièces anciennes et modernes.

296. Vue du collège du Petit Navarre, vers 1700. Très jolie et rare petite pièce gravée par Martinet.

297. Vue de la tour et de la porte de Nesles vers 1630.

Très rare et très curieuse eau-forte que M. Bonnardot attribue à Zeeman.

298. Plans et vues de la tour de Nesles. 15 pièces par Callot, Is. Silvestre et autres.

299. Vue et perspective du Pont-Neuf et du pont au Change. — Vue du Pont-Neuf à Paris. — Vue et perspective du Pont-Neuf et de la gallerie du Louvre. 3 pièces gravées par Is. Silvestre.

Excessivement rares.

300. Vues du Pont-Neuf et de la Samaritaine à diverses époques. 42 pièces gravées par Callot, Pérelle et autres.

301. Vues du Pont-Neuf et de la Samaritaine. 2 pièces gravées par Campion, d'après Sergent.

Très belles épreuves en couleur.

302. Vue de la tour Neuve de l'hôtel du grand Prévost. — Vues de la porte de la Conférence. 3 pièces gravées par Is. Silvestre.

Excessivement rares.

303. Vues de la tour Neuve. — Hôtel de Nevers. — Ancien Hôtel de Nesles. — Attentat de la rue Saint-Nicaise. — Vues et détails de l'église Saint-Nicolas-du-Chardonneret. — Saint-Nicolas-du-Louvre. 18 pièces, par Is. Silvestre et autres.

304. Plans, vues et détails de Notre-Dame. 90 pièces, parmi lesquelles un grand nombre de très curieuses et de très rares par Is. Silvestre, J. Marot, Pérelle et autres.

305. Vue de l'abside Notre-Dame par Meryon.

Très belle épreuve avant la lettre, sur chine collé.

306. Vue de la galerie Notre-Dame. — Le Stryge. 2 pièces gravées par Meryon.

Très belles épreuves avant la lettre, sur chine collé.

307. Notre-Dame de Lorette. — Pont Notre-Dame. — Arcs de triomphe élevés au bout du pont Notre-Dame. — Le Pont

Notre-Dame et le quai Pelletier. — Démolition du pont Notre-Dame. — Vues de la Pompe à feu. — Vue du pont Notre-Dame et du quay de Gesvres. 28 pièces parmi lesquelles on remarque 4 très jolies pièces gravées sur bois extraites de l'entrée de Henri II à Paris et un grand nombre de pièces intéressantes, gravées par Is. Silvestre, J. Marot et Pérelle.

308. Pont Notre-Dame vers 1500, vignette sur bois ornant le haut d'un feuillet gothique, extrait de l'ouvrage intitulé : *Des Paiz et ordonnances de la Prevosté des Marchands de Paris.*

309. La Pompe Notre-Dame. — La Petite Pompe. — L'Arche du pont Notre-Dame. 3 pièces par Meryon.

Très belles épreuves avant la lettre, sur chine collé.

310. Le Pont-Neuf. — Le Pont-Neuf et la Samaritaine. 2 pièces gravées par Meryon.

Très belles épreuves, sur papier vergé et sur chine collé.

311. Théâtre de l'Odéon. — Théâtre des élèves de l'Opéra. — Théâtre de l'Opéra. — Incendie de l'Opéra le 6 avril 1763. — Assassinat du duc de Berry à l'Opéra. 14 pièces dont plusieurs en couleur.

312. Exécution du maréchal Ney (Observatoire, allée n° 1). — Plans et vues de l'Observatoire. — Vues et détails de l'église des Pères de l'Oratoire. — Église Sainte-Opportune. — Quai des Orfèvres. 35 pièces anciennes et modernes par J. Marot, Pérelle, Martial et autres.

313. Vues de la foire Sainte-Ovide qui se tient place Vendôme à Paris.

Deux très curieuses vues d'optique coloriées du temps.

314. Portrait, vie et mort du diacre Paris. — Maison du diacre Paris. 8 pièces curieuses.

315. Maison de M. Pajou. — Vue intérieure de Sainte-Geneviève. — Vues du Panthéon. — Jardin de Paphos. — Café du Parnasse. — Barrière et cimetière Montparnasse. — Église Saint-Paul. — Hôtel Saint-Paul. — Quai Saint-Paul. 35 pièces anciennes et modernes dont plusieurs en couleur.

316. Plans et vues de Passy. 12 pièces dont deux intéressantes sur les ballons.

317. L'Innocence en danger (Arrivée du coche sur le quai Saint-Paul). Jolie pièce gravée par Huot, 1792, d'après Borel.

318. Jeux de paume. — Le Jeu de paume à M. le comte d'Artois. — Quai Pelletier. — Couvent et hôpital Sainte-Perrine. — Le Petit-Pont. — Plans et vues de l'Église Saint-Philippe-du-Roule. — Picpus. — Saint-Pierre-des-Arcis. — Saint-Pierre-aux-Bœufs. — Rue Pirouette. 25 pièces anciennes et modernes, plusieurs sont en couleur.

319. Le Petit-Pont, par Meryon.

Très belle épreuve avant la lettre, sur chine collé.

320. Rue Pirouette, par Meryon.

Superbe épreuve sur chine volant, du 2e des 4 états décrits; elle est avant l'adresse de Delatre et avec les premières inscriptions sur le mur de la maison, à droite.

321. Plans et vues du Jardin des Plantes. — 22 pièces par Is. Silvestre, Pérelle, Berthault et autres.

322. Collège du Plessis-Sorbonne. — Plan et vue du boulevard Poissonnière. — La Petite Pologne. — Fontaine du Ponceau. — Quartier Popincourt. — Plans et vues des Porcherons — Plans et vues de l'abbaye de Port-Royal. — Église des Prémontrés. 35 pièces anciennes et modernes.

323. Rue Quinquempoix en l'année 1720, par A. Humbelot.

Très belle et rare épreuve avant les inscriptions.

324. Rue Quinquempoix. — Estampes satiriques sur le système de Law. 4 pièces.

325. Cabaret de M. Ramponneau. — Cabaret de Mme Ramponneau. 2 pièces curieuses faisant pendants.

Très belles épreuves avec marges.

326. Rue et marché des Prouvaires. — Le Puits-d'Amour. — Hôtel Pussort. — Église des Quinze-Vingts. — Le Petit Wall, aux Quinze-Vingts, à Paris, manufacture nationale de nécessaires à barbe et de rasoirs d'acier fin. — Hôtel de Rambouillet. 10 pièces par Is. Silvestre et autres.

327. Ranelagh. — Plans et vues du quai de la Rapée. — Vues du Cours-la-Reine. — Rue du Rempart-Saint-Honoré. — Rue Richelieu. — Rue de Rivoli. — Maison de Robespierre. 20 pièces anciennes et modernes.

328. Plans et vues de l'église Saint-Roch. — Hôtel de Rochechouart. — Rue de Rohan. — Plans et vues de la prison de la Roquette. — Vues du pont Saint-Landry (Pont-Rouge). — Barrière du Roule. — Maison, écuries et remises de J.-J. Rous-

seau. — Collège royal. 30 pièces par Is. Silvestre, J. Marot et autres, plusieurs sont en couleur.

329. Plans et vues du Palais-Royal. 10 pièces par Boisseau, Is. Silvestre et Pérelle.

330. Vue du fort Royal fait en l'année 1650, dans le jardin du Palais Cardinal pour le divertissement du roy, par Is. Silvestre.

Très rare épreuve avant la lettre.

331. Le duc d'Orléans, Régent, interrogeant le jeune roi Louis XV sur la géographie, au Palais-Royal, vers 1716. — Destruction de l'année du Palais-Royal, 1781. — Vue de la face extérieure des boutiques de bois du Palais-Royal sur la seconde cour. 3 pièces rares dont la dernière décorait un écran à main.

332. Le Voilà fait, scène de mœurs se passant dans le jardin du Palais-Royal. Gravé par Huot d'après Borel.

Très belle épreuve.

333. Vue du jardin du Palais-Royal avec le nouveau cirque. — Vue de l'intérieur du Palais-Royal. — Élévation géométrale d'un côté du cirque construit dans le Jardin du Palais-Royal en 1787. — Soirée du 30 juin 1789. 4 pièces gravées par Campion d'après Sergent et autres.

Très belles épreuves en couleur.

334. Les Motionnaires au café du Coucou (Palais-Royal). Petite pièce très rare gravée à l'eau-forte.

335. Le Jeu de biribi. — Le Trente et un, ou la Maison de prêt sur nantissement. 2 pièces curieuses dont l'une est gravée par L. Darcis d'après Guérain.

Très belles épreuves dont l'une est avant la lettre et coloriée du temps.

336. Mariage de Napoléon 1804, le cortège passant sur la place du Palais-Royal. Pièce curieuse dessinée et gravée par Leleu.

Très belle épreuve avant la lettre coloriée du temps.

337. Galerie de Bois au Palais-Royal, 1828. — Galerie d'Orléans. 2 curieuses et rares lithographies.

338. Plans et vues du Palais-Royal depuis 1734 jusqu'à nos jours. 28 pièces anciennes et modernes.

339. Plans et vues de la place Royale. 15 pièces gravées par Picart, Boisseau, Della Bella, Silvestre et Pérelle.

340. Plans et vues du Pont-Royal. — Jardin Ruggieri. — Salpê-

trière. — Hôtel de Salms. — Vues et détails de l'église Saint-Sauveur. 30 pièces par Châtillon, Is. Silvestre, Pérelle et autres.

341. Fêtes et feux d'artifice donnés sur la Seine. 10 pièces intéressantes et curieuses.

342. Siège de Paris par Henri IV. Petite pièce rare extraite d'un frontispice.

343. Cours de la Savonnerie. — Maison de Scarron. — Hôtel Schomberg. — Hôtel Séguier. — Hôtel de Sens. — Plans et détails de l'église du Saint-Sépulcre. — Église Saint-Séverin. 35 pièces anciennes et modernes.

344. Hôtel de Soissons établi pour le commerce du papier en 1720, d'après Humbelot.

Très belle épreuve. Rare.

345. Portrait de M. de Bachaumont (au fond la vue de l'hôtel de Soissons), d'après Carmontelle. — Plans et vues de l'hôtel de Soissons. 12 pièces par Is. Silvestre et autres.

346. Plans et vues de la Sorbonne à diverses époques. 25 pièces gravées par Is. Silvestre, J. Marot, Pérelle et autres.

347. Plans et vues de l'hôtel de Soubise. — Institution des sourds et muets. — Hôtel de Sully. — Vues de l'ancienne et de la nouvelle église Saint-Sulpice. — Séminaire Saint-Sulpice. — Synagogue rue Notre-Dame-de-Nazareth. 38 pièces par Is. Silvestre, J. Marot et autres, quelques-unes sont en couleur.

348. Plans et vues de l'église et du grand prieuré du Temple. 15 pièces gravées par Châtillon, Is. Silvestre, J. Marot et autres.

349. Vues intérieures et extérieures du Temple pendant la Révolution. 10 pièces en noir et en couleur.

350. Vues du Marché du Temple. 6 pièces en noir et en couleur.

351. La Promenade des Remparts de Paris. — Les Portraits à la mode. 2 pièces gravées par Duclos, d'après A. de Saint-Aubin.

Très belles épreuves.

352. Vue de la promenade du Boulevard du côté de la porte du Temple à Paris. Dessiné et gravé par P. Deshays.

Petite pièce très rare et très curieuse, coloriée du temps.

353\. Vues du boulevard du Temple. 5 curieuses vues d'optique coloriées du temps.

354\. Les Chanteurs des boulevards. — Vues du boulevard du Temple. 18 pièces anciennes et modernes.

355\. Vue de la tourelle de la rue de la Tixeranderie, par Meryon.

Très belle épreuve avant la lettre, sur chine collé.

356\. Plans et vues des Jardins de Tivoli. — Rue de la Tixeranderie. — Hôtel des Tournelles. — Rue Transnonain. — Hôtel de La Trémouille. — Église, hôpital et écoles de la Trinité. — Barrière du Trône. 40 pièces anciennes et modernes.

357\. Plans et vues du château des Tuileries de 1579 à 1785. 20 pièces par Ducerceau, Boisseau, Lespinasse et autres.

358\. Vues du château et des jardins des Tuileries. 12 pièces par Is. Silvestre et Pérelle.

359\. Le Rendez-vous pour Marly, gravé par Guttenberg d'après J.-M. Moreau le Jeune.

Très belle et rare épreuve avant la lettre.

360\. Vue du château des Tuileries. — Vue des Tuileries prise du côté du pont Tournant. 2 pièces gravées en couleur par Campion et Janinet.

361\. Vue d'optique représentant les murs de la terrasse des Tuileries au-dessous du globe aérostatique de MM. Charles et Robert, enlevé le 1er décembre 1783. — Globe aérostatique de MM. Charles et Robert au moment de leur départ du Jardin des Tuileries le 1er décembre 1783. — Vue des Tuileries prise de la grande allée, au moment de la troisième expérience de MM. Robert frères, le 19 septembre 1784, etc. 7 pièces curieuses sur les ballons.

Très belles épreuves noires et coloriées.

362\. Vues du château et du jardin des Tuileries, depuis 1790 à nos jours. 35 pièces anciennes et modernes.

363\. Couronnement de Voltaire sur le Théâtre-Français, le 30 mars 1778. Gravé par Gaucher d'après Moreau le Jeune.

Très belle épreuve avant l'inscription sur la tablette.

364\. Vues du Jardin Turc. — Hôtel des Ursins. — Plans et vues du Val-de-Grâce. — Marché de la Vallée. 25 pièces anciennes et modernes.

365\. Vues du théâtre des Variétés. 6 pièces anciennes et modernes.

366. Plans et vues de Vaugirard. — Marché aux Veaux. — Vues de la place Vendôme à diverses époques. — Statue de Louis XIV. — Colonne de Napoléon. 25 pièces anciennes et modernes, dont plusieurs par Flamen, Is. Silvestre, Pérelle et autres.

367. Vues de la place des Victoires à différentes époques. — Monument du général Desaix, projeté pour la place des Victoires. 12 pièces, quelques-unes en couleur.

368. Plans, vues et détails de l'abbaye Saint-Victor. — Fontaine et porte Saint-Victor. — Rue de la Vieille-Lanterne. — Hôtel de Villars. 25 pièces par Flamen, Is. Silvestre et autres.

369. Plans et vues de l'Hôtel de Ville et de la place de Grève, de 1591 à 1780. 32 pièces par Is. Silvestre, Perelle, Rigaud et autres.

370. Vue de la superbe galerie élevée en la place de Grève à l'occasion de la naissance de Mgr le Dauphin, 21 janvier 1782. — Vue du feu d'artifice tiré devant l'Hôtel de Ville, en réjouissance de la paix, 1783, etc.

4 curieuses vues d'optique coloriées du temps.

371. Vue perspective de la décoration et du feu d'artifice tiré à l'Hôtel de Ville de Paris le 21 janvier 1782. — La Journée mémorable du mardi 14 juillet 1789. — Contrition et supplice de Favras. 3 pièces.

372. Vues de la place et de l'Hôtel de Ville de 1789 à 1830. 20 pièces anciennes et modernes.

373. Vues de la Villette. — La Mère Radis au vis-à-vis de Bobêche. — L'Église des filles Sainte-Marie de la Visitation. — Triomphe de Voltaire. — Vaux-hall d'Été. — Vues et détails de l'église Saint-Yves. — Rue Zacharie. 25 pièces anciennes et modernes, plusieurs sont en couleur.

374. La Duchesse de Berry (à Bagatelle ou à Romy) pleurant devant le buste de son mari; quand on regarde l'estampe en transparent, on voit apparaître au ciel la France tenant un enfant dans ses bras (le comte de Chambord).

Petite estampe très rare imprimée en couleur.

375. Iconographie du Bois de Boulogne aujourd'hui annexé à la Ville de Paris. — Vue du château et des jardins de Bagatelle. — Vues de Longchamps. — Vues et détails du château de Madrid, etc. 30 pièces et dessins dont quelques-unes par Ducerceau, Is. Silvestre et Pérelle.

376. Vues du Louvre et de la tour de Nesles. 15 pièces par Is. Silvestre, quelques-unes sont doubles.

Superbes épreuves, la plupart ont de grandes marges.

377. Quai des Grands-Augustins. — Hôtel Bretonvilliers. — Église des Bernardins. — Parterres du palais d'Orléans. — Palais du Luxembourg. — Place Royale, etc. 15 pièces par Is. Silvestre.

Très belles épreuves ayant toutes leurs marges.

378. La Bastille. — Porte Saint-Honoré. — Abbaye de Saint-Germain-des-Prés. — Cimetière des Innocents. — Ile Louviers. — Hôpital Saint-Louis. — Notre-Dame, etc. 15 pièces par Is. Silvestre.

379. Vues de Paris et de ses environs. 16 pièces gravées par Pérelle et Aveline.

380. Vues de Paris. 12 pièces en couleur et vues d'optique coloriées du temps.

381. La Tour de l'Horloge. — La Pompe Notre-Dame. — Profil de la ville de Poissy, d'après Is. Silvestre. 3 pièces gravées par Méryon.

382. Saint-Germain-des-Prés. — Hôtel Cluny. — Célestins. — Hôtel de Beauvais. — Invalides. — Palais de Justice, etc. 50 pièces anciennes et modernes.

383. Projets non exécutés relatifs à la ville de Paris, notamment pour la place du Carrousel, la place de la Concorde, la place des Invalides, le jardin du Palais-Royal, etc. 28 pièces.

384. Plans et vues générales de Paris. 10 pièces anciennes et modernes copiées d'après les estampes de M. Mérian, M. Tavernier, L. Gaultier et autres.

385. Saint-André-des-Arts. — Archevêché. — La Banque. — La Bastille. — Hôtel de Bretonvillers. — Notre-Dame-des-Champs. — Église des Carmélites. — Chaillot. — Pont-au-Change. 60 copies dont un grand nombre sont extraites de la *Topographia Galliæ*.

286. Porcherons. — Quinze-Vingts. — Place Royale. — Saint-Sulpice. — Saint-Séverin. — La Sorbonne. — Le Temple. Les Tuileries. — Abbaye Saint-Victor. — Hôtel-de-Ville. — 90 copies anciennes et modernes.

387. Louvre. — Luxembourg. — Madeleine. — Porte et abbaye Saint-Martin. — Pont Saint-Michel. — Tour de Nesle. — Porte

Neuve. — Hôtel de Nevers. — Notre-Dame. 75 copies anciennes et modernes dont un très grand nombre extraites de la *Topographia Galliæ* et du *Vieux Paris* de Pernot.

388. Saint-Germain-l'Auxerrois. — Saint-Germain-des-Prés. — Gobelins. — Halles. — Porte Saint-Honoré. — Hôtel-Dieu. — Saint-Jacques la Boucherie. — Cimetière des Innocents. — Église des Jésuites. — Palais de Justice. — Hôpital Saint-Louis. 60 copies anciennes et modernes.

389. Sainte-Chapelle. — Les Chartreux. — Petit et Grand Châtelet. — Hôtel de Chevreuse. — Cour des Comptes. — Saint-Eustache. — Les Feuillants. — Sainte-Geneviève. 60 copies anciennes et modernes.

PIÈCES HISTORIQUES RELATIVES A L'HISTOIRE DE PARIS

390. La Mort du roy Henri deuxième aux Tournelles à Paris, le 10 juillet, 1559. Planche gravée sur bois, par Tortorel.

Très belle épreuve.

391. La Bataille de Saint-Denis donnée la veille Saint-Martin, 1567. — La Mercuriale tenue aux Augustins à Paris, le 10 de juin 1559. — Le Massacre fait à Sens en Bourgogne au mois d'avril 1652, etc. 4 pièces gravées sur bois et sur fer par Tortorel et Périssin.

392. Procession de la Ligue. Grande pièce en 2 feuilles, gravée par P. Kaerius.

Très belle et très rare épreuve avant l'adresse de Kaerius.

393. « Réduction miraculeuse de Paris sous l'obéissance du roy tres chrestien, Henry quatrième, etc. ; comme Sa Majesté y entra par la Porte neufve, le mardy 22 de mars 1594. — Comme le Roy alla incontinent à l'église de Nostre-Dame rendre grâces solennelles à Dieu de cette admirable réduction de la ville capitale de son royaume. — Comme Sa Majesté le mesme jour estant à la Porte Saint-Denis veid sortir hors de Paris les garnisons estrangères que le roy d'Espagne y entretenoit. » Suite complète de 3 pièces par N. Bollery, éditées à Paris chez la veuve *Jean Le Clerc*.

Très belles épreuves avec les légendes explicatives. Rares.

394. Les mêmes estampes.

Belles épreuves sans les légendes explicatives.

395. Henri IV touchant les écrouelles, par P. Firens.

Belle épreuve.

396. Portrait de Henri IV, par C. de Passe, au bas une vignette représentant la tentative d'assassinat de J. Chatel. — Henri IV et sa famille. — Henri IV sur son lit de mort. 4 pièces curieuses et rares.

397. « Pourtraict du sacre et couronnement de Marie de Médicis, royne très chrestienne de France et de Navarre, faict à Saint-Denis en France, le jeudy 13 de may 1610 », par L. Gaultier. *A Paris, chez Jean Le Clerc*, 1610.

Très belle et rare épreuve entourée de sa légende explicative; elle est doublée.

398. Portrait de Ravaillac, en pied, tenant un couteau à la main, gravé par V. Sichem.

Ancienne et très belle épreuve.

399. Assassinat de Henri IV, rue de la Ferronerie; dans la partie supérieure de l'estampe, le supplice de Ravaillac. Ancien et très curieux canard du temps.

Cette estampe dont il existe des réimpressions modernes est excessivement rare à rencontrer en ancienne épreuve.

400. « Le Tombeau du très chrestien, très auguste, très clément, très victorieux et incomparable prince Henry le Grand, d'éternelle mémoire Roy de France et de Navarre ». Gravé par Habeck d'après F. du Boys, 1610.

Ancienne et très belle épreuve. Rare.

401. La Statue équestre de Henri le Grand sur son piédestal, plus la feuille de texte explicatif. *A Paris, chez N. de Mathonière.*

Très belle épreuve. Rare.

402. « Représentation d'une chapelle souterraine qui s'est trouvée à Montmartre près Paris, le mardi 12e jour de juillet 1611, cõme on faisait des fondemẽts pour agrãdir la chapelle des Martyrs », par V. Halbeeck.

Très belle épreuve avec la légende explicative. Excessivement rare.

403. « Dessein des pompes et magnificences du Carousel, faict en la Place Royale à Paris, le V, VI, VIIe d'apvril, 1612 », par Ch. Châtillon.

Très belle épreuve avec la légende explicative, elle est doublée.

404. « Carosel fait à la Place Royalle, à Paris le V, VI et VII avril 1612 », gravé par un anonyme.

Très belle épreuve. Rare.

405. « La Représentation des artifices de feu, et autres triomphes faits à Paris sur le qué des Célestins et en l'île Louviers, le lundi deuxième septembre 1613, en l'honneur de la feste de Saint-Louys. — La Représentation de deux artifices de feu et triomphes faicts à Paris, sur la rivière, devant le Louvre, le dimanche 25 et le jeudy 29 jours d'aoust 1613, en l'honneur de la feste de Sainct-Louys. » 2 estampes des plus curieuses gravées par M. Merian.

Très belles épreuves en parfaite condition, mais auxquelles manquent les légendes explicatives.

406. Arrestation et supplice du maréchal d'Ancre. Pièce allemande à compartiments.

Très belle épreuve. Rare.

407. « Almanach pour l'an mil six cens XVIII, composé et calculé par M. Jean Petit, Parisien, spéculateur es causes fécondes, mouvements et propriété des astres. » *A Paris, chez Nicolas de Mathoniere, rue Mont-Orgueil à la Corne de Daim.*

Superbe épreuve d'une pièce de la plus grande rareté, faisant allusion au meurtre du maréchal d'Ancre : dans le haut de l'estampe, au-dessus de l'Almanach, Louis XIII sous la forme d'Appollon encouragé par son père (Henri IV en Jupiter), tue le serpent Python (le maréchal), dont le repaire est établi sur la butte où s'élevait la Justice de Montfaucon; dans le fond de la composition, une vue générale de Paris.

408. Rabel faisant le portrait d'Anne d'Autriche. — Anne d'Autriche se dirigeant vers Paris. — Louis XIII et Richelieu dirigeant la barque de l'État. 3 très jolies petites pièces extraites de livres, gravées par Rabel et C. de Passe.

409. Le Prévost des marchands, suivi des Échevins de la Ville de Paris, vient complimenter le roi sur la prise de La Rochelle, Gravé par A. Bosse.

Très belle épreuve.

410. Tournoi de la Place Royale vers 1630.

Très belle épreuve d'une pièce extraite de l'ouvrage intitulé : *Le Vray Théâtre d'honneur et de chevalerie*, etc., de Wulson de La Colombière.

411. 37 pièces extraictes du livre intitulé : *Manège Royal, fait et pratiqué en l'instruction du Roy par A. Pluvinel*, 1623.

Très belles épreuves de ces planches parfaitement gravées par C. de Passe, qui, outre l'intérêt des portraits et des costumes, donnent des vues très intéressantes du Louvre et de la place Royale.

412. L'Hôtel de Bourgogne, par A. Bosse.
Très belle épreuve, avec l'adresse de Leblond.

413. La Galerie du Palais, par A. Bosse.
Très belle épreuve.

414. L'Infirmerie de l'hospice de la Charité de Paris, par A. Bosse.
Très belle épreuve.

415. Le Jeu du blason. Pièce rare éditée à Paris, chez N. Berey, vers 1640.

416. Procession de la châsse Sainte-Geneviève vers 1640 et 1679. 2 pièces rares dont l'une est gravée par Le Pautre.

417. Proclamation du prévost pour exempter les quarténiers de passer les nuits dans les bâtiments des portes de la ville pour les garder, 20 février 1644.
Placard in-folio de la plus grande rareté.

418. Vue du campement de S. A. Royale au bout du faubourg Saint-Victor, par A. Flamen.
Très belle épreuve.

419. Le Tableau des triomphes et des victoires où sont représentées les réceptions magnifiques faites à Paris, le 8 septembre 1656, à la reine Christine de Suède, par MM. le gouverneur, prévost des marchands, échevins, etc. de cette ville.
Très belle épreuve. Rare.

420. « La Mansarade ou Pompe funèbre du maltotier de la Vertu », 1651. Pièce attribuée à M. Dorigny.
Très belle épreuve, avec le texte explicatif, d'une très rare et très curieuse pièce satirique sur Mansart; dans le fond de la composition on voit Montmartre et le gibet de Montfaucon.

421. Marie-Thérèse d'Autriche, infante d'Espagne, faisant son entrée à Paris par la porte Saint-Antoine, 1660. *Boudan exc.* Médaillon rond décorant le haut d'une planche ornée de chaque côté de 6 médaillons d'empereurs romains.
Très belle épreuve.

422. Disposition de la milice de Paris lorsqu'elle parut devant Leurs Majestés entre le bois de Vincennes et ladite Ville le 23 du mois d'aoust de l'année 1660, par A. Flamen.

423. Courses de testes et disposition des cinq quadrilles dans l'amphithéâtre (Tuileries), 1re journée. — Courses de bagues et disposition dans l'amphithéâtre, 2e journée. — Comparses des cinq quadrilles dans l'amphithéâtre. 3 grandes pièces

gravées par Is. Silvestre extraites de l'ouvrage intitulé : *Courses de testes et de bagues faites en* 1662.

424. La Satisfaction faicte au roy par le marquis de la Fuente, ambassadeur du roy d'Espagne à Paris le 24 mars 1662. Almanach pour l'an de grâce 1663. *A Paris, chez Jollain, rue Saint-Jacques à la ville de Cologne.*

Très belle épreuve. Rare.

425. Renouvellement d'alliance entre la France et les Suisses fait dans l'église de Notre-Dame de Paris par le roi Louis XIV et les ambassadeurs des XIII cantons et de leurs alliés le 18 novembre 1663. Gravé par S. Leclerc d'après Lebrun.

Très belle épreuve avec marge. Encadrée.

426. Almanach royal pour l'année 1682.

Très belle épreuve, doublée.

427. La Naissance de Mgr le duc de Bourgogne à Versailles, le 6 août 1682, et les réjouissances les plus remarquables qui ont été faites à Paris dans chaque corps. Almanach pour l'année 1683.

Rare. Très belle épreuve. Encadrée.

428. Marche du roy accompagné de ses gardes passant sur le Pont-Neuf et allant au Palais. Grande estampe en 3 feuilles gravée par Huchtenburg d'après Van der Meulen.

Ancienne et très belle épreuvé.

429. Représentation de la loterie qui se devait tirer à l'Hôtel de Ville de Paris pour l'extinction des billets de l'État. Estampe curieuse et rare gravée par un anonyme.

430. Décoration funèbre pour l'inhumation du cœur de Louis de Bourbon, prince de Condé, dans l'église Saint-Louis de la maison professe des Jésuites, rue Saint-Antoine. Gravé par Dolivar d'après Bérain.

Très belle et très rare épreuve avant la lettre. Grande marge.

431. Festin donné à l'hôtel de l'ambassade d'Espagne à l'occasion de la naissance du prince des Asturies, année 1707. — Pyramide du feu d'artifice tiré à l'hôtel de l'ambassade d'Espagne à l'occasion de la naissance du même prince. 2 pièces très curieuses gravées par Scotin l'aîné d'après Desmarets.

432. Louis XV et l'Infante d'Espagne, enfants, se promenant dans le Jardin des Tuileries. Grande et rare estampe, en 3 feuilles. *A Paris, chez P. Gallays.*

Épreuve mal conservée.

433. Le Roi Louis XV tenant son lit de justice pour la première fois en son Parlement à Paris, le 12 septembre 1715. Gravé par Poilly, d'après Delamonce.

Très belle épreuve.

434. Louis XV, roi de France et de Navarre, tenant son lit de justice pour sa majorité, avec les événements les plus remarquables arrivés en Europe pendant l'année 1723. *A Paris, chez Demortain.*

Estampe à compartiments avec sa légende explicative.

435. L'Auguste Cérémonie faite en la grande chambre du Parlement, Sa Majesté Louis XV séant en son lit de justice ordonne la déclaration de sa majorité, le 22 février 1723. *A Paris, chez Maillot.*

Très belle épreuve. Rare.

436. Liste générale des anciens bacheliers, chandeliers en cette ville de Paris, et l'année de leur élection.—Liste des anciens jurez gardes de l'étalon royal de la ville, faubourgs et banlieue, prévôté et vicomté de Paris. Année 1740.

Curieux placards gravés sur bois.

437. Almanach pour l'année 1756.

438. Vue du décintrement du pont de Neuilly, fait en présence du Roy le 22 septembre 1772. Grande estampe gravée par J. de Longueil d'après J.-F. de Saint-Far.

Très rare épreuve à l'état d'eau-forte.

439. Almanach en deux feuilles pour l'année 1777. Charmantes petites pièces décorées dans le haut des portraits du roi, de la reine et des princes et princesses de la famille royale.

440. Arrivée du roi et de la reine à l'Hôtel de Ville. — Feu d'artifice tiré sur la place de l'Hôtel-de-Ville, le 21 janvier 1782, à l'occasion de la naissance du Dauphin. 2 pièces dessinées et gravées par Moreau le Jeune.

Très rares épreuves à l'état d'eau-forte.

441. Promenade de la galerie du Palais-Royal, 1787, par P. L. Debucourt.

Très belle épreuve en couleur; elle est doublée.

442. Vue et perspective de la Lanterne à la journée du 14 juillet 1789, jour de la prise de la Bastille. — La Journée à jamais mémorable aux Français où Louis XVI se rendit à l'Hôtel de Ville le 17 du mois de juillet 1789. 2 pièces anonymes gravées à la manière du lavis et imprimées en bistre.

443. Bal de la Bastille, gravé par Le Cœur d'après Swebach Desfontaines.

Très belle épreuve en couleur. Rare.

444. Convoi funèbre de Mirabeau à Sainte-Geneviève, 1791.

Pièce très rare, gravée à l'eau-forte, coloriée du temps.

445. Journée du 10 août 1792. *A Paris, chez Jean.*

Épreuve coloriée. Rare.

446. Journée du 20 juin 1792 au château des Tuileries. — Dévouement de Mme Élisabeth dans la journée du 20 juin 1792. — La Séparation de Louis XVI d'avec sa famille. — La Séparation de Marie-Antoinette d'avec sa famille. — Louis XVI avec son confesseur Edgeworth un instant avant sa mort. — Jugement de Marie-Antoinette au tribunal révolutionnaire. 6 grandes pièces gravées par Cazenave et Vérité d'après Benazech et Bouillon.

447. Almanach pour l'année 1793, les Noms de légumes et d'ustensiles remplaçant ceux des Saints. Petite pièce gravée par Couché.

448. Portrait de Marie-Anne-Charlotte Corday. — La Mort du patriote Morat. 2 pièces rares dont l'une est gravée d'après Queverdo.

449. Assassinat de Marat le 13 juillet 1793, d'après Brion.

Très belle et rare épreuve en couleur. Grande marge.

450. Adieux du roi à sa famille à la prison du Temple. 2 pièces, dont l'une, en couleur, est avant toutes lettres et l'autre non entièrement terminée.

451. Marie-Antoinette sortant de la Conciergerie pour aller au supplice. Gravé par Gérard d'après Queverdo.

Superbe et rare épreuve avant la lettre, en couleur. Grande marge.

452. Le Canon de la Convention foudroyant les citoyens devant Saint-Roch, le 13 vendémiaire de l'an IV. Gravé à l'eau-forte par Duplessis-Bertaux d'après Monnet.

Très rare épreuve à l'état d'eau-forte.

453. Les Principales Journées de la Révolution française. Suite de 15 planches gravées par Helman d'après Monnet dont nous ne possédons que 13.

Superbes épreuves avant la lettre. Grandes marges.

454. Frascati, par P. L. Debucourt.

Très belle épreuve en couleur. Rare.

455. La Revue passée dans la cour des Tuileries par le Premier Consul. Gravé par Pauquet d'après Isabey et Vernet.

Très rare épreuve, à l'état d'eau-forte, avec les noms des personnages écrits à la pointe dans la marge.

456. Fête donnée par le général Berthier, ministre de la guerre, à l'occasion de la paix, dans son hôtel et dans ses jardins à Paris, le 2 germinal an IX (1800). Grande et curieuse pièce, gravée au trait par Piranesi.

457. Fêtes du sacre et couronnement de Leurs Majestés Impériale, 1804 : Passage de Leurs Majestés sur le pont de la Concorde. — Vue de la place de la Concorde au moment de l'ascension de cinq ballons. 2 pièces dont l'une est gravée par Marchand d'après Lecœur.

458. Fête populaire devant la façade sud de l'hôtel des Invalides, 1804?

Très belle épreuve avant toutes lettres d'une très curieuse et très rare estampe gravée au pointillé.

459. Vue des remparts de Vincennes, le 21 mars 1804 à 4 heures et demie du matin. Dessiné par L. Renier. Lith. de G. Engelmann.

Pièce de la plus grande rareté.

460. L'Empereur Napoléon Ier conduisant l'impératrice Marie-Louise dans la galerie du Louvre. Gravé à l'eau-forte par H. Reinhold, 1811, d'après B. Zix.

Très belle et rare épreuve avant toutes lettres.

461. L'Entrée des Puissances coalisées à Paris en 1814, vue prise au moment de leur passage sur la place de la Concorde. Publié *à Vienne, chez Artaria.*

Très belle épreuve en couleur. Très rare.

462. Le Roi Louis XVIII passant sur le Pont-Neuf, le 3 mai 1814 ; au-dessus de la statue équestre de Henri IV plane un ballon, aux armes royales où une femme dans la nacelle, probablement Mme Blanchard, tient à chaque main un drapeau blanc. Grande estampe gravée par Dorgez d'après Venant et Michallon.

Très rare épreuve à l'état d'eau-forte.

463. Les Exercices de Franconi. 2 planches faisant pendants gravées par Debucourt d'après G. Vernet.

Superbes épreuves avant la lettre, Grandes marges.

464. Attentat à la vie de S. M. Louis-Philippe dans la journée du

28 juillet 1835, par Fieschi. Dessiné et gravé à l'eau-forte par Curty, plus le plan général des lieux où a été commis l'attentat. 2 pièces.

PLANS ET VUES DES ENVIRONS DE PARIS DE LA PROVINCE ET DE L'ÉTRANGER

465. Environs de Paris, levés géométriquement par M. l'abbé de La Grive, 1740. Grand plan en 9 feuilles.
Bel exemplaire.

466. Diocèse, Prévosté et Environs de Paris, par N. Sanson d'Abbeville, géographe du Roy. — Nouvelle Description du territoire et banlieue de la ville, cité et université de Paris, par J. Boisseau. — Carte de l'Ile-de-France, *F. Guilloterius Biturvici, describ. et C. L. V. Petro Pithæo IC. dedicabat.* — Plans des environs de Paris extraits de l'Atlas national de Chanlaire, 1790. 6 pièces.

467. Carte gravée en 1590, à l'occasion du siège de Paris. — Cartes des environs de Paris de 1634 à 1842. 12 pièces dont plusieurs rares.

468. Alfort et les Acqueducs d'Arcueil. 20 pièces anciennes et modernes, dont une en couleur et plusieurs très rares, par Flamen, Is. Silvestre et Goyrand.

469. Plan général du château de Bagnolet et de ses jardins. — Église de Boulogne. — Différentes vues du château de Choisy-le-Roy. — Vue et perspective de la maison de Conflans. 8 pièces par et d'après Is. Silvestre, Rigaud et autres.

470. Vues de Bagneux. — Bagnollet. — Château de Beauté. — Bercy. — Berny, Bonneuil, Boulogne. — Bourg-la-Reine. 25 pièces dont plusieurs par Châtillon, Flamen et Is. Silvestre.

471. Plans et vues du château de Bicêtre. 14 pièces rares par Boisseau, Goyrand, Gueroult, Pérelle et Rigaud.

472. Estampe satirique sur la démolition du temple de Charenton en 1685.

473. Vues de Charenton et de Charentonneau de 1572 à 1820. 20 pièces par Flamen, Is. Silvestre, Pérelle et autres.

474. Plans et vues de Cachan. — Champigny. — Châtenay. —

Chevilly. — Clichy-la-Garenne. — Clichy-Colombes. — Conflans. — Courbevoie. — Creteil. 30 pièces dont plusieurs rares par Zeeman, Is. Silvestre et Pérelle.

475. Plan de l'église de Saint-Denys et des environs, 1704. — Plan de l'église de l'abbaye royale de Saint-Denis, par Inselm, 1705. — Le Vif Portraict de la grande église de Saint-Denis. — Tombeaux de Henri IV, des Valois, du vicomte de Turenne. 6 pièces.

476. Plans, vues et détails de la ville et de la basilique de Saint-Denis. 65 pièces dont un très grand nombre de très rares et très intéressantes par Châtillon, Zeeman, Silvestre et J. Marot, plusieurs sont en couleur.

477. Plan général du château et jardin anglais de Gennevilliers, 1785. — Vues du château de Saint-Maur. — Ruines de l'abbaye de Saint-Maur. — Vue du pont de Neuilly, 1784, etc. 6 pièces par et d'après Ducerceau, Rigaud et autres.

478. Plans et vues de Gentilly. — Ivry. — Issy. — L'Hay. — Saint-Mandé. — Saint-Maur. — Montreuil. — Montrouge. — Moulin-Joli. 50 pièces par Zeeman, Gueroult et autres.

479. Plans et vues du château de Madrid. 5 pièces gravées par Ducerceau, Is. Silvestre et Élise Saugrain, plus un dessin donnant le plan du château et du jardin.

480. Plans et vues de Neuilly. — Orly. — Saint-Ouen. — Pantin. Plessis-Picquet. — Puteaux. — Romainville. 40 pièces anciennes et modernes.

481. Jardins de Romainville, 1781. — Vues de la Maison de Saint-Ouen, 1672. — Vue de la Maison de Sceaux. — Vues du Mont-Valérien ou Calvaire à deux lieues de Paris. — Les Missionnaires au Mont-Valérien, près Paris. 9 pièces gravées par et d'après Is. Silvestre, Le Pautre et autres.

482. Plans et vues de Bicêtre. — Saint-Denis. — Bagneux. — Charenton. — Saint-Cloud. — Madrid. — Vincennes, etc. 35 pièces par Flamen, Is. Silvestre et autres.

483. Vues de Sceaux. — Sèvres. — Suresnes. — Thiais. — Mont-Valérien. 40 pièces anciennes et modernes, plusieurs en couleur.

484. Plans et vues du château de Vincennes. 4 pièces gravées par et d'après Is. Silvestre, T. Brissart et Van der Meulen.

485. Vue du château de Vincennes, 1783, gravé par E. Saugrain d'après L.-G. Moreau.

Très belle et rare épreuve avant toutes lettres, non entièrement terminée.

486. Plans et vues de la ville et du château de Vincennes. 35 pièces par Ducerceau, Is. Silvestre, Pérelle et autres, plusieurs sont en couleur.

487. Vue de Saint-Cloud. Grande pièce en 2 feuilles, gravée par Collignon.

Très belle épreuve. Excessivement rare.

488. Plans, vues de la ville, du château et du parc de Saint-Cloud. 25 pièces gravées par Is. Silvestre, Pérelle et autres, plusieurs sont en couleur.

489. « L'Heureuse Naissance de Mgr le Dauphin, arrivé à Saint-Germain, le dimanche le 3e jour de septembre sur les 11 heures et un quart avant midi, » 1638. *Moncornet exc.*

Très belle épreuve d'une pièce de la plus grande rareté.

490. Vue du château de Saint-Germain-en-Laye.

Très belle épreuve, avec marge, d'une pièce très rare, gravée, selon Mariette, en 1677, par Louis, Dauphin, âgé de 16 ans.

491. Vues du château et de la grotte de Saint-Germain-en-Laye. 5 pièces rares gravées par Is. Silvestre et A. Bosse.

492. Portrait des châteaux royaux de Saint-Germain-en-Laye. Grande pièce gravée par M. Lasne d'après Francini.

Très belle épreuve. Rare.

493. Vues de l'église, du château et du parc de Saint-Germain-en-Laye. 18 pièces gravées par Is. Silvestre et Pérelle.

Très belles épreuves dont la plupart ont de grandes marges.

494. Plans et vues de la ville et du château de Saint-Germain-en-Laye. 20 pièces anciennes et modernes.

495. Plans et vues de l'Ile-Adam. — Argenteuil. — Bellevue. — Brevannes. — Brunoy. — Chilly. — Clagny. 18 pièces anciennes et modernes.

496. Consécration de l'église de Choisy-le-Roi. Petite pièce très rare, gravée à l'eau-forte.

497. Plans et vues de Corbeil. — Saint-Cyr. — Croissy. — Écouen. Étampes. 20 pièces par Flamen, Is. Silvestre et autres.

498. Plans et vues de Fremont. — Garches. — Grosbois. — Luciennes. — Maisons. — Meulan. — Montfermeil. — Montmorency. 20 pièces par Is. Silvestre, Gueroult et autres, plusieurs sont en couleur.

499. Plans et vues du château et de la machine de Marly. 24 pièces par Aveline, Pérelle et autres.

500. Plans et vues du château de Meudon. 25 pièces dont un grand nombre par Is. Silvestre.

501. Vues de Noisy. — De Poissy. — Abbaye de Port-Royal-des-Champs. 25 pièces anciennes et modernes.

502. Plans et vues du château et des jardins de Ruel. — Sèvres. — Soissy. — Ville-d'Avray. 25 pièces anciennes et modernes.

503. Le Malade imaginaire représenté dans le jardin de Versailles, 1676. — Réception des chevaliers de l'ordre du Saint-Esprit, dans la chapelle de Versailles, 1724. — Serment du Jeu de Paume. — Vue de la procession des États Généraux à Versailles, le 4 mai 1789, etc. 14 pièces.

504. Plans et vue de la ville, du château et du parc de Versailles. 45 pièces dont un très grand nombre, par Is. Silvestre, Aveline et Pérelle, plusieurs sont en couleur.

505. La Montgolfière Marie-Antoinette, deuxième expérience faite à Versailles par M. Pilatre du Rozier, le 23 juin 1784. — Expérience de l'aérostat, nommé la Montgolfière, faite par M. Pilatre du Rozier à Versailles, le 23 juin 1784. — Globe aérostatique construit à Versailles. 3 pièces dont une est coloriée.

506. La Rue des Toiles à Bourges, par Meryon.
Très belle épreuve sur papier de chine volant.

507. Plans de Rouen en 1570. — 1575. — Réduction du plan de Gomboust, 1655. — Plan de Desnos, 1766. — Plan en 2 feuilles de Lattré, 1782. 5 pièces.

508. Plans de Rouen après 1766. — Plan de Rouen en deux feuilles, par Lattré, 1782. — Plan de Rouen. *A Paris, chez Jean*, 1813 et 1818. 4 pièces.

509. Vues générales de Rouen de 1572 à 1690. 9 pièces rares en une et deux feuilles gravées par et d'après G. Hoefnagle, Mérian, Boissevin, etc.

510. Vues générales de Rouen de 1700 à 1820. 14 pièces gravées par et d'après Aveline, Jollain, Bacheley, Lallemand et autres.

Très belles épreuves, dont quelques-unes sont avant la lettre et en couleur.

511. « Portraict du combat naval représenté sur la rivière de Seine (à Rouen), devant le Roy, le 24e jour d'octobre 1596. »

Pièce très rare gravée sur bois.

512. La Ville de Rouen, métropolitaine de Normandie, 1609. — L'Abbaye et la forteresse de Sainte-Catherine près de Rouen. 2 pièces gravées par Châtillon.

Rares.

513. Saint-Roman, archevêque et patron de Rouen, gravé par Lauwers d'après le dessin de Chauveau; le fond représentant la ville de Rouen est gravé par Is. Silvestre.

Très belle épreuve d'une pièce excessivement rare.

514. Profil de la ville de Rouen, par Is. Silvestre.

Très rare épreuve avant toutes lettres et avant le ciel.

515. Vues de Rouen. 10 pièces gravées par Brebiette et Is. Silvestre.

516. Cérémonie de la Levée de la Fierte par le prisonnier le jour de l'Ascension à Rouen. Dessiné et gravé par Jacques.

Très belle épreuve avec marge.

517. Portrait de Hue de Miromesnil, dans le fond le profil de la ville de Rouen. Gravé par Le Mire d'après Moreau le Jeune.

Très belle épreuve, plus la planche donnant l'explication de ce portrait allégorique.

518. Vues de Rouen. — Pièces historiques relatives à la ville de Rouen. 28 pièces anciennes et modernes, dont quelques-unes très rares.

519. Hôtel Bourgtheroulde à Rouen. — Vieilles maisons. — Danse des Morts. 40 pièces dessinées et gravées par Langlois.

520. Vues du vieux Rouen. 40 pièces gravées et lithographiées.

521. Vues des châteaux d'Anet et de Gaillon. 9 pièces gravées par Boisseau et Is. Silvestre.

522. Vues de Bourbon-l'Archambault. — Dijon. — Tournus. — Moulins. — Maison de M. de Rians. — Château-Gaillon, etc. 26 pièces gravées par Is. Silvestre.

523. Plans et vues de Fontainebleau. 12 pièces gravés en grande partie par Is. Silvestre.

524. « Pourtraict de la ville de la Rochelle avec ses forteresses, comme elle est à présent. » *A Paris, chez Jean Leclerc*, 1628.
Pièce rare entourée de sa légende explicative.

525. Vue de la cathédrale d'Orléans, par Moreau le Jeune.
Superbe et rare épreuve avant la lettre.

526. Plans et vues d'Orléans. — Folembray. — Avignon. — Bourges. — Châlons. — Lyon. — Metz. — Marseille. — Horloge de la cathédrale de Strasbourg, etc. 45 pièces anciennes par Boisseau, Mérian et autres.

527. Plans d'Orléans. — Blois. — Tours. — Loches. — Avignon. — Châlons. — Lyon. — Bordeaux. — Metz. — Marseille. — etc. 42 pièces extraites de la *Cosmographie* de Belleforest, 1572.

528. Tombeau de Saint-Olger et de Saint-Benoît dans la basilique de Saint-Faron à Meaux. — Vue du château de Fontainebleau. — Pierre Ancise rendue aux citoyens en aoust 1789. 3 pièces dont une est imprimée en bistre.

529. Plan de la célèbre et royale abbaye de Saint-Jean-des-Vignes de Soissons. F. L. Barbaran del. et sculps. 1673.
Très belle épreuve d'une estampe curieuse et très rare.

530. Plans et vues de Soissons. — Le Havre. — La Grande Chartreuse. — Notre-Dame de Brou. — Compiègne. — Reims, etc. 35 pièces anciennes et modernes.

531. Vues de châteaux et de villes de France. 20 pièces gravées par Châtillon.

532. Vues de villes de France. 140 pièces extraites de la *Topographie* de N. Tassin, 1634.

533. Plans et vues d'Augsbourg. — Aix-la-Chapelle. — Bamberg. — Brême. — Cologne. — Dantzig. — Francfort-sur-le-Mein. — Insprnk. — Mayence. — Spire. — Stuttgart. — Hambourg. Prague. — Vienne, etc. 45 pièces extraites de divers ouvrages.

534. Plans et vues de Londres. — Douvres. — Édimbourg, etc. 20 pièces extraites de divers ouvrages.

535. Mascarade chinoise faite à Rome, le Carnaval de l'année 1739. Pièce gravée à l'eau-forte par Pierre. — Plans et vues de Cazal, de Rome, de Venise, etc. 7 pièces.

536. Plans et vues de Rome et d'Italie. 70 pièces dont un grand nombre par Is. Silvestre.

537. Plans et vues de Liège. — Jemmapes. — Bâle. — Berne. — Genève, et autres villes de Belgique et de Suisse. 20 pièces extraites de divers ouvrages.

538. Vues d'Espagne. — De Grèce. — D'Égypte. — De Syrie. — De Turquie. — Des Indes et d'Amérique. 35 pièces extraites de divers ouvrages.

PORTRAITS ET PIÈCES DIVERSES

539. Henri II. — Catherine de Médicis. — Henri III. 8 portraits gravés par G. Tory, Woeriot, Nelli et autres.

540. Henri IV et Marie de Médicis. 4 portraits gravés par L. Gaultier et Fornazeris.

541. Connétable de Montmorency. — Prince de Conti. — Duc de Nevers. — B. d'Argentré. — I. Loyola. 6 portraits gravés par Th. de Leu et Woeriot.

542. Louis XIII. 3 pièces, titres de livres gravés par C. de Passe et G. Huret.

Très belles épreuves.

543. Portraits de Centenaires. 8 pièces.

544. Portraits de personnages des époques Louis XIV et Louis XV. 25 pièces.

545. Portraits de personnages de l'époque Louis XVI à nos jours. 50 pièces gravées et lithographiées.

546. Tentation de saint Antoine, par J. Callot.

Très belle et très rare épreuve du 1er état avec cinq rosaces seulement dans les armoiries et le mot *vol* au lieu de *tot* au quatrième vers de l'inscription.

547. La même estampe.

Très belle épreuve. Encadrée.

548. La Femme hydropique, gravée par Claessens d'après G. Dow.

Très belle épreuve, lettres grises.

549. Vignettes sur bois du XVIe siècle provenant de livres d'Heures. 20 pièces.

550. Estampes de piété. 50 pièces gravées sur bois et sur cuivre.

551. Ornements. — Arabesques. 10 pièces gravées par E. Delaulne et autres.

552. Costumes. 12 pièces gravées par Goltzius, Briot et A. Bosse.

553. L'Agioteur élevé par la Fortune. — Pièces relatives aux Jésuites et aux Jansénistes. 20 pièces.

554. Les Médecins botaniste et minéralogiste écrasés par le médecin à la mode (Tronchin). — Bal de Saint-Cloud, gravé par Fessard d'après Saint-Aubin. — Le Seigneur chez son fermier, d'après Moreau le Jeune. 3 pièces.

555. Expériences aérostatiques, 1783-1784. 11 pièces rares dont quelques-unes sont coloriées du temps.

556. Le Tombeau de Voltaire. — Ah! ça ira, ça ira. — Triomphe de l'armée parisienne. — Liberté. — Égalité. — Refrains patriotiques, etc. 20 pièces de l'époque de la Révolution.

557. Figures d'un jeu de cartes républicain, 1793. 12 pièces coloriées du temps.

Excessivement rares.

558. La Lanterne magique; venez voir la religion de nos pères. Dessiné et gravé à l'eau-forte par H. Strack ?

Très belle épreuve d'une pièce excessivement rare.

559. Caricatures par Grandville, Traviès, Raffet et autres. 20 pièces noires et coloriées.

560. Sous ce numéro seront vendus quelques lots non catalogués.

DESSINS

BELLA (Della).

561. Passerelle provisoire élevée après l'incendie du Pont au Change en 1621, in-8 en largeur.

Très précieux dessin légèrement lavé d'encre de Chine avec quelques retouches postérieures au crayon. Il provient de la collection Lagoy et a été gravé par Meryon.

BELLANGER.

562. Dispositions présentées au gouvernement depuis l'an VI, pour garantir la Bibliothèque nationale contre les dangers du feu en cas d'un incendie au théâtre des Arts. In-fol.

Croquis primitif de ce projet vivement tracé à la plume et lavé de bistre, plus la gravure de même grandeur de Berthault.

BÉNARD.

563. Église Sainte-Madeleine en la Cité. — Porte du chevet de l'église de la Madeleine rue de la Licorne, 1843. — Tour du Pet au Diable. — Chapelle Saint-Leufroy. — Profil de l'entrée de la salle du Petit-Bourbon vue de l'entrée de la rue méridionale de ce nom.

3 dessins à la mine de plomb et à la sépia et 2 calques.

BÉRICOURT (?).

564. Ancienne porte du Palais de Justice, 1783. In-4 en hauteur.

Curieux dessin représentant l'ancienne porte du Palais avant qu'elle ne fût remplacée par une grille; au fond on aperçoit les membres du Parlement en robes rouges montant avec solennité les marches du grand escalier moderne.

BLAY.

565. Vue perspective de la chapelle sépulcrale de Sainte-Marguerite à Paris. In-fol.

A l'encre de Chine lavé de bistre.

BONNARDOT.

566. 155 dessins et calques à la mine de plomb et à l'aquarelle, pris sur nature ou copiés d'après d'anciennes estampes excessivement rares ou dessins précieux pour l'histoire de la ville de Paris.

BOULÉ.

567. Vue de la machine à vapeur des ports et gare Saint-Ouen 1834. In-fol.

Aquarelle.

CHATELET.

568. Environs de Gentilly. In-4, en largeur.

Jolie dessin au lavis d'encre de Chine.

CHANCOURTOIS (L.).

569. Place de l'École de médecine où l'on voit encore les restes de l'Église des Cordeliers, dessiné sur les lieux par L. Chancourtois, 1804. In-4 en largeur.

Très jolie gouache dans le goût de Nicolle dont elle rappelle la touche et la finesse.

COISY (de).

570. Enterrement du Seigneur des Abus. In-fol.

Grande composition allégorique, au crayon noir. A été gravée.

DEBUCOURT (?)

571. Passage des Panoramas vers 1808. In-4 en hauteur.

Très jolie gouache très finie, représentant le passage et ses curieuses boutiques au moment de sa plus grande animation.

DELARUE.

572. Les Porcherons.

2 curieux dessins légèrement coloriés, faisant pendants, représentant les danses, les théâtres forains et autres divertissements populaires de cette célèbre guinguette.

DE MACHY.

573. Démolition de l'hôtel du Petit-Bourbon.

Croquis au lavis d'encre de Chine.

574. Vue extérieure de l'église des Cordeliers au moment de sa démolition. In-fol. en largeur.

Très belle gouache. Signée.

575. Démolition de l'église des Cordeliers. In-fol. en largeur.

Au lavis d'encre de Chine rehaussé d'aquarelle.

576. Saint-Germain-l'Auxerrois vers 1800. In-4 en largeur.

Très jolie gouache représentant la démolition d'une masure dépendant de l'ancien cloître qui marquait le côté méridional du portail de l'église.

577. Démolition du réfectoire et de l'abbaye de Saint-Germain-des-Prés. In-4 en largeur.

Très belle gouache signée et datée : *De Machy, 1798.*

578. Démolition de l'église Saint-Sauveur, 1778. — Nouvelle École de médecine.

2 croquis au lavis d'encre de Chine.

579. Vue extérieure de l'église Saint-Jean-en-Grève au moment de sa démolition.

Très belle gouache. Encadrée.

580. La même vue prise d'un autre côté.

Très belle gouache. Encadrée.

581. Vue de l'intérieur de l'église de Saint-Jean-en-Grève, au moment de sa démolition. In-fol. en largeur.

Au lavis d'encre de Chine.

DEMACHY(?)

582. Vue intérieure des ruines du théâtre de l'Opéra (Palais-Royal), 6 avril 1763. Grand in-fol. en largeur.

Très curieux et très important dessin à la sépia rehaussé de quelques teintes rougeâtres.

DESRAIS.

583. Disposition du feu d'artifice au bord de la Seine à l'occasion de la naissance du Dauphin en 1782. In-fol. en largeur.

Très beau et très important dessin à la sépia rehaussé de blanc ; il représente avec beaucoup de détails un temple à colonnes, entouré de fontaines factices, au fond la vue retournée d'une partie de la rive septentrionale de la Cité, sur le premier plan une foule de personnages, très habilement dessinés, est contenue avec peine par une haie de grenadiers ; il est signé : *C. L. Desrais fec. 1782.*

DUCHATEAU (Madame).

584. Vues des ruines du cloître des Carmes de la place Maubert.

2 dessins à la sépia en hauteur et en largeur, dont l'un est signé et daté : *D. Duchâteau, 1813.*

585. Le Grand-Châtelet au moment de sa démolition, 1802. In-4° en largeur.

A l'encre de Chine et à la sépia.

586. L'Église des Feuillants au moment de sa démolition. Petit in-fol. en hauteur.

A la sépia signé et daté : *D. Duchâteau, 1806.*

587. Vue de la vieille église Sainte-Geneviève. — Vue des écu-

ries du duc d'Orléans, mort à Sainte-Geneviève. — 2 grands dessins au bistre, faisant pendants.

Ces deux dessins, des meilleurs de l'artiste, représentent : le premier, la façade de l'église qui va être détruite et la façade de Saint-Étienne-du-Mont, à gauche, le cimetière de Saint-Étienne avec de pittoresques effets d'arbres;

Le second, les écuries du duc d'Orléans, bâtiments assez bas au-dessus desquels s'élèvent, à partir de la gauche, le dôme de la nouvelle église, la tour de l'ancienne, à côté la nef en ruine, puis Saint-Étienne-du-Mont.

588. Répétition avec quelques variantes des 2 dessins précédents.

Dessins au bistre teinté d'aquarelle.

589. Vue de l'intérieur de l'abbaye Sainte-Geneviève au moment de sa démolition, 1807.

3 dessins à la sépia signés et datés.

590. Ruines de l'église Saint-Louis du Louvre, 1811.

A la sépia.

591. Démolition de l'église de l'abbaye Saint-Victor. Grand in-fol. en largeur.

A la sépia.

592. Intérieur de l'église des Saints-Innocents, au moment de sa démolition.

3 dessins in-fol. à la sépia, exécutés en 1810, et copiés d'après un tableau du temps.

DUPONT.

593. Incendie de l'Hôtel-Dieu, 31 décembre 1772. In-fol. en largeur.

Au lavis d'encre de Chine et de sépia. Signé et daté : *Dupont delineavit*, 1773.

FONTAINE (?)

594. Vue du jardin des Tuileries vers 1818.

Gouache non terminée représentant le pavillon de Marsan et la terrasse des Feuillants.

FRAGONARD (Attribué à).

595. Vue du jardin du Luxembourg vers 1780.

Jolie esquisse à la mine de plomb.

FREUDEBERG (Genre de).

596. Maison près la porte Saint-Antoine vers 1776. In-fol. en largeur.

Très joli et très curieux dessin colorié représentant le dehors d'un cabaret rustique, couvert de curieuses inscriptions et portant pour enseigne : *A la Porte Saint-Antoine.*

GOBLAIN

597. Vue générale de Paris, prise du Petit-Gentilly.
Aquarelle.

598. Vue de l'Arche Popin, 1830.
Aquarelle inachevée.

599. Vieux bâtiments dans l'enceinte de l'Arsenal de Paris, 1822. In-8.
Aquarelle.

600. Réfectoire et autre bâtiment des Cordeliers. — Démolition de l'église des Cordeliers.
2 croquis in-8 à l'aquarelle et au lavis d'encre de Chine.

601. Ancien Collège des Cholets à Paris. In-4 en hauteur.
Très jolie aquarelle non entièrement terminée.

602. Restes du collège de Cluny. In-8.
Aquarelle.

603. Donjon de Saint-Jean-de-Latran, 1824. In-8.
Mine de plomb légèrement teintée de sépia.

604. Ruines de Saint-Jean-de-Latran.
4 croquis à la mine de plomb, détachés d'un album et dessinés d'après nature en 1824 et 1825.

605. Ancienne Boucherie du Châtelet, devenue depuis le restaurant du Veau-qui-tète. — Vue du Château-d'Eau. — Église Saint-Séverin. — Archevêché. — Porte Saint-Denis. — Quai du Marché aux fleurs.
8 dessins, calques et mines de plomb.

606. Barrières de Clichy. — Courcelles. — Saint-Denis. — La Villette. — Saint-Louis. — Des Martyrs. — Monceau. — Montmartre. — Des Vertus.
9 dessins et croquis à la sépia.

607. Vue de la tour du télégraphe de Montmartre prise du pavillon du café du Panorama de la Boule d'or. Dessiné en 1816. In-4 en largeur.
Aquarelle.

608. Ruines de l'abbaye de Montmartre, 1825. In-8.
5 aquarelles dont trois ne sont pas entièrement terminées.

609. Place et église d'Arcueil vers 1815. — Ancien fort à Issy, 1821.
2 aquarelles.

610. Vue prise à Gentilly, vers 1818. Petit in-fol.
Aquarelle.

611. Vues prises à Gentilly. — Vincennes. — Fontenay-aux-Roses, 1818-1820.
3 aquarelles.

612. Ruines du château de Massy, 1820. — Moulin à Conflans. — Ruines du château de Tourvois, près de Fresnes.
4 aquarelles.

GRAVELOT (?)

613. Charmant encadrement in-8° pour un titre ou un frontispice : Dans le haut les armes de la ville de Paris, de chaque côté des Amours, personnifiant les Beaux-Arts et le Commerce et au bas la figure allégorique de la ville de Paris, un Dieu marin et une Déesse.
Très joli dessin à la sépia.

PAUL GRÉGOIRE (sourd et muet).

614. Place dite Champs des Capucins, faubourg Saint-Marceau.
Curieux dessin lavé d'encre de Chine représentant des vieillards jouant au bouchon : au fond, on aperçoit le dôme du Val-de-Grâce.

GRÉSY-RÉGNIER.

615. Tour rue Chanoinesse. — Hôtel Schomberg, rue Jean Titon. — Maison du Diacre Paris. — Cour des cuisines des Célestins. — Couvent des Mathurins. — Gobelins.
6 dessins et calques à la mine de plomb.

GUÉROULT.

616. « Belleville. Vilage aux environs de Paris, au nord-est, veu sur le haut de la montagne. » Petit in-fol. en largeur.
Dessin très fini sur parchemin au lavis d'encre de Chine, signé et daté : *Guéroult F.* 1707.

HOUEL.

617. Prise de la Bastille, ce 14 juillet 1789. — Délivrance d'un prisonnier à la Bastille.
Deux très curieux et très importants dessins, encre et aquarelle, représentant : le premier, la prise de la Bastille du côté de l'est ou Petit Arsenal, l'incendie du bâtiment, l'arrestation de Delaunay, etc. Le second un vaste cachot au fond duquel on aperçoit le rez-de-chaussée de l'une des tours, un citoyen armé d'un sabre et tenant une torche à la main paraît stupéfait en découvrant un prisonnier chargé de fers.

INCONNUS.

618. Vieilles maisons situées aux bords de la Seine entre les

ponts au Change et Notre-Dame, remplacées par le quai aux fleurs. In-4 en largeur.

Dessin des plus précieux et des plus intéressants, exécuté à la mine de plomb, au simple trait, sans aucune partie ombrée, vers le milieu du XVIIe siècle. Il a été gravé par Méryon.

619. « Porte triomphale appelée le Trône, qui devait être dressé au faubourg Saint-Antoine sous le règne de Louis XIV, dessinez en 1743. » In-fol.

Au lavis d'encre de Chine.

620. Vue de l'Archevêché vers 1700.

A la mine de plomb.

621. Vue de la Bastille et de la porte Saint-Antoine. In-fol. en largeur.

Très joli dessin, au lavis d'encre de Chine animé de nombreuses figures, il représente de face la porte Saint-Antoine et de côté la célèbre forteresse.

622. Démolition de la Bastille.

Curieux croquis, à la mine de plomb, pris d'après nature de la rue Contrescarpe.

623. Façade de l'église Saint-Benoît. In-fol. en hauteur.

A la mine de plomb.

624. « Couvent des Cordelières rue de l'Oursine, dessiné en 1807. »

Joli et intéressant dessin au crayon noir teinté d'encre de Chine.

625. Ruines de l'ancien hôtel de Conty. In-fol. en largeur.

Dessin non terminé à la plume lavé de bistre.

626. Deux plans de projets de reconstruction du Grand-Châtelet dessinés vers 1684.

627. Vue du Grand-Châtelet et de la Grande-Boucherie du côté de la rue Saint-Denis vers 1800. Grand in-fol. en hauteur.

Aquarelle.

628. Vue du Grand-Châtelet et de la Grande-Boucherie du côté de la rue Saint-Denis vers 1800. Grand in-fol. en largeur.

Très curieux et très important dessin à la plume, lavé d'encre de Chine, animé de nombreuses figures très bien dessinées.

629. « Dessing de la maison ou demeuroit M. de Champagne en 1651 faubourg Saint-Marceau, rue Mouftar, où sont présentement les religieux hospitaliers. »

« Veue de maisons qui se voyioient du jardin où demeuroit M. de Champagne, 1649. »

« Veue d'une partie du faubourg Saint-Marceau en 1651. »

« Vue d'une bouverie et d'une partie des maisons du fauxbour Saint-Marceau que voyioit du côté droict de la maison où demeuroit M. de Champagne vers 1656. »

« Veue des maisons qui se voyioient du jardin où demeuroit M. de Champagne fauxbour Saint-Marceau. »

« Vue de l'église Saint-Médar avec le chasteau de Bisetre designe par Philippe de Champagne. »

Suite de six très curieux et très intéressants dessins, à la pierre noire, provenant d'un ancien album et pris d'après nature par un artiste contemporain de Philippe de Champagne; ils portent tous, dans la marge inférieure, en écriture du temps, les inscriptions rapportées ci-dessus.

630. Portail de l'église Saint-Chaumont rue Saint-Denis. In-fol.

Au lavis d'encre de Chine.

631. Intérieur de l'église Saint-Jean-en-Grève, au moment de sa démolition. In-fol. en largeur.

Dessin au bistre très fini.

632. « Vue d'une partie du Palais (de Justice) prise des bureaux des finances, dessiné le 10 mai 1777. » Grand in-fol. en largeur.

Très grand dessin à la plume, curieux par ses nombreux détails. Il représente une partie du chevet de la Sainte-Chapelle, celui du Trésor des chartes, avec de nombreuses échoppes d'écrivains à sa base, le Palais en ruines, les restes de la galerie Dauphine, le Mai, etc.

633. Vue de l'ancienne porte du Palais de Justice vers 1780 et de la pyramide de J. Chatel, d'après une ancienne gravure. In-fol. en hauteur.

Dessin très fini, probablement d'un architecte, au lavis d'encre de Chine.

634. Vue du Palais de Justice. In-fol.

A la plume.

635. « Vue de la ruine des restes de l'incendie de l'Hôtel-Dieu an 1772, à Paris. » In-8 en largeur.

Très joli croquis à la sanguine signé : *J. ou F.* 1774.

636. Copie du plan du cimetière des Saints-Innocents levé géométriquement en 1756. — Tombe de pierre sous le charnier des Saints-Innocents. — Tour octogone. — Épitaphes, etc.

10 dessins et calques.

637. Vue de la grotte ou fontaine du Luxembourg. — Maison de M. Bauquier à l'entrée du jardin du Luxembourg vers 1810.

2 esquisses à la plume lavées d'encre de Chine et de sépia.

638. Rue du Marché-Neuf, 1820. — Intérieur du grand réfectoire de Saint-Martin-des-Champs.

2 aquarelles petit in-fol. non terminées.

639. « Veue de Montmartre du costé de la ville Neuve », vers 1690.

Curieux dessin à l'encre de Chine.

640. Partie de l'abbaye, la butte et le village de Montmartre, vers 1770. Grand in-fol. en largeur.

Aquarelle non terminée.

641. Prise de la butte Montmartre en 1814, par les Prussiens.

Aquarelle.

642. Différentes Vues de Montmartre, 1833-1835.

6 dessins à la mine de plomb.

643. « Veü de Paris du costez de Mont-Louis (Père-Lachaise), » vers 1690.

Curieux dessin à la plume lavé d'encre de Chine.

644. Fragments d'autels antiques, trouvés sur le sol de Notre-Dame, lors des fouilles faites en 1711.

Très curieux dessin sur parchemin, à la sépia, plus la gravure de Martial le reproduisant.

645. Calque d'un dessin conservé aux archives représentant la tour et la porte de Nesles, dessiné par les ordres de Louis Le Veau, conseiller du Roy, le 23 juin 1665. Gr. in-fol. en largeur.

646. Vues intérieures des ruines de l'Odéon après l'incendie de 1818.

2 aquarelles.

647. « Vue de la Pompe à feu construite au midi de Paris par M. Bellanger et destinée à élever les eaux de la Seine, pour l'usage des habitants du faubourg Saint-Germain. » Petit in-fol. en largeur.

Aquarelle.

648. Vue du jardin des Tuileries vers 1770. In-4.

A la gouache.

649. Vue des Tuileries prise du Pont-Royal. In-fol. en largeur.

Joli croquis à la plume et à la sépia.

650. Exécution du marquis de Favras, 19 février 1790.

Très curieux croquis à la mine de plomb, pris d'après nature, d'une fenêtre du 1er étage de l'Hôtel de Ville.

651. Cours de chimie au Jardin des Plantes. — Petit Hôtel Montmorency. — Quai de Gesvres vers 1787. — Restes de l'église des Bernardins.

7 dessins et croquis à la mine de plomb et à la pierre noire.

652. Projet d'un obélisque élevé sur le terre-plein du Pont-Neuf à la gloire de Napoléon, à la place de la statue de Henri IV,

1810. — Fontaine érigée place des Invalides au-dessus de laquelle est érigé un lion de Saint-Marc, 1808. — Pompe à feu du Gros-Caillou. — Monument du général Desaix élevé sur la place des Victoires. — Vues des Tuileries et de l'arc de triomphe de la place du Carrousel.

5 dessins et croquis à la plume, quelques-uns sont lavés d'encre de Chine.

653. Restes de la Tournelle vers 1790. — Palais de Justice. — Maison dans la Cité.

4 croquis à la mine de plomb.

654. Démolition de l'ancien séminaire de Saint-Sulpice, 1800. — Démolition des Feuillants. — Plantation d'un arbre de la Liberté sur la place de l'Institut, vers 1800. — Feu d'artifice tiré sur le terre-plein du Pont-Neuf.

4 aquarelles in-8°.

655. Plan de l'emplacement des bâtiments, cour, jardin et dépendances du ci-devant collège d'Harcourt. — Terrain de l'abbaye Saint-Martin. — Plan de l'ancienne abbaye de Longchamps. — Plan au rez-de-chaussée des bâtiments de la maison conventuelle des Célestins de Paris destinés aux sourds et muets.

4 dessins et calques.

656. Maisons, rue de la Cossonnerie. — Rue de Bièvre. — Église Saint-Séverin. — Portail de l'église Saint-Merry, etc.

10 dessins à la mine de plomb et à la sépia.

657. Réparation faite par François Ier d'un attentat commis à Paris envers l'image de la Sainte-Vierge. — Entrée de Louis XIII à Paris, 1610. — Promenade du jeune roi Louis XV aux Tuileries. — Ondoiement du prince impérial dans la chapelle des Tuileries, 1811. — Attentat de Schænbrun.

6 dessins et copies d'anciennes estampes, à la mine de plomb et au lavis d'encre de Chine.

658. Vues prises à Batignolles — à Ménilmontant. — Moulin de la Cage à l'île Saint-Ouen. — Petit-Gentilly. — Ferme de Merville près Saint-Denis.

5 dessins à la mine de plomb, exécutés de 1830 à 1840.

659. Vue prise à Conflans. — Moulin de Charenton. — Saint-Maur. — Église de Thiais. — Château de Marcouci, — de Massy, etc.

9 dessins et croquis à la mine de plomb, au bistre et au crayon noir.

660. Église des Bonshommes à Chaillot. — Chaillot. — Plaine

de Passy. — Moulin de la Tour à Passy. — Moulin de Longchamps. — Porte de Longchamps. — Puteaux.

6 dessins et croquis à la mine de plomb et au crayon noir exécutés de 1832 à 1835.

661. Vues des environs de Paris, prises sur le chemin d'Orléans. — Vue des environs de Paris prise dans l'avenue de Montrouge. — Vue des environs de Paris et du Moulin Janséniste prise sur la route d'Orléans.

4 dessins à la plume, lavés d'encre de Chine, que l'on peut attribuer à un habile artiste de la fin du dernier siècle.

662. Ruines du Château-Neuf. — Saint-Germain, 1828. — Environs d'Essones. — Tour d'Evrault à Fontevrault, etc.

5 dessins et croquis.

663. Bac de Suresne vers 1780.

Jolie et importante aquarelle en largeur, qui pourrait bien être de J.-G. Wille, dont elle rappelle le coloris; au fond de la composition, la vue de l'abbaye de Longchamps.

664. Vues de Bourg-Dieu. — Laon. — Saint-Quentin. — Villebon, etc.

18 dessins croquis et calques.

665. Vues de Rouen.

26 dessins et croquis.

LAINÉ.

666. « Projet du perron de la Sainte-Chapelle de Paris, par où le roy monte au Palais. Dressé par Couture Lainé, architecte des domaines du roy en octobre 1783. » In-fol.

Au lavis d'encre de Chine.

LALLEMAND.

667. Démolition du cloître des Carmes de la place Maubert. — Vue des Augustins quay de la Vallée.

2 aquarelles, in-8.

LERICHE (H.).

668. Vues du Palais de Justice et de l'église Saint-Maclou à Rouen.

2 aquarelles, in-fol.

LORON (A.).

669. Démolition des maisons du pont Notre-Dame d'après le tableau de Raguenet.

Mine de plomb.

MANSION.

670. Marché et fontaine des Innocents, vers 1830. In-fol.
Aquarelle.

671. Église et fontaine Saint-Séverin, vers 1830. In-fol.
Aquarelle.

672. Vue de la place des Victoires, juillet 1830. — Rue Saint-Antoine, juin 1848. — Barricade du Petit-Pont, juin 1848.
3 croquis à la mine de plomb.

MOITTE-LEPEINTRE.

673. Démolition de l'église des Saints-Innocents, vue prise de la rue Saint-Denis. In-4.
Très fin et très joli dessin à la plume signé et daté : *A. Moitte-Le Peintre inv. et del.* 1787.

MOREAU (J.-M.).

674. Vue d'une partie de Paris, prise de la terrasse d'un hôtel, faisant face à l'hôtel d'Osmont (jadis Sainte-Foix), boulevard des Capucines. In-fol. en largeur.
Très beau et très intéressant dessin au lavis d'encre de Chine rehaussé de blanc et de quelques teintes de couleurs, il offre en perspective une portion du quartier de Paris dit aujourd'hui Chaussée-d'Antin, il est signé et daté : *Moreau fecit*, 1786.

MARLET.

675. Les Marchands d'oiseaux sur le quai de Gesvres. In-4 en largeur.
Très joli croquis à la plume et au lavis d'encre de Chine, plus la lithographie du même artiste dont ce croquis est la première idée.

NICOLLE (V.-J.).

676. Voûte ouverte sur la berge du quai de Gesvres et aboutissant à la rue de la Vieille-Lanterne. In-18.
Aquarelle.

QUEVERDO.

677. Entrée de Louis XVIII à Paris, le 3 mai 1814.
Dessin à la plume lavé d'encre de Chine et rehaussé de blanc divisé en deux compartiments, le premier représente l'entrée de Louis XVIII et le second celle du comte d'Artois.

ROBELIN.

678. Sébastien Le Clerc dans son atelier.
Joli petit dessin à la plume signé et daté 1710, auquel est jointe une feuille manuscrite indiquant les « moyens dont M. Le Clerc se sert pour couler son eau-forte ».

ROBERT (Hubert).

679. La Cour de la Conciergerie au Palais de Justice après l'incendie de 1776. In-fol. en hauteur.

Très beau dessin à la sanguine.

680. Vue de l'intérieur de l'Hôtel-Dieu de Paris après l'incendie de 1773. In-fol. en largeur.

Superbe dessin à la sanguine rehaussé de blanc.

SOBRE.

681. « Vue de l'église et du presbitère des Saints-Innocens dont la démolition a été ordonnée en 1787, par M. de Crosne, lieutenant général de police, sous la direction de J.-G. Legrand et J. Molinos.

« Vue intérieure de l'église des Saints-Innocents dont la démolition a été ordonnée, etc. »

Deux très intéressantes et très belles gouaches in-fol., dont l'une, la première, représente l'exhumation des cercueils au cimetière des Innocents, la nuit, en présence d'une foule nombreuse contenue par une haie de gardes à cheval.

SAINT-AUBIN (G. de).

682. Ruines de l'Hôtel-Dieu incendié en 1772. Petit in-4 en largeur.

Très joli croquis au crayon noir rehaussé de plusieurs teintes légères, signé et daté : *Saint-Aubin, 1773.*

SAINT-AUBIN (G. de). (?)

683. Projets pour la place de la Concorde.

2 jolis dessins. In-8 au bistre.

SCOTT.

684. Lutte sur l'eau entre le pont Notre-Dame et le pont au Change, d'après Raguenet, 1751.

Très joli petit dessin à la plume rehaussé de blanc.

THOUIN (G.)

685. Projet pour la reconstruction des serres du Muséum du Jardin des Plantes en 1810.

2 grands plans in-fol.

WAILLY (de).

686. Plan d'un projet de la Cité.

VAUZELLE.

687. Porte d'entrée de l'ancien cimetière des Bonshommes à Passy, vers 1806. In-4 en largeur.

Aquarelle.

688. Vue de la porte d'entrée du château d'Anet, vers 1818, Grand in-4.

Aquarelle.

WILLE (J.-G.).

689. Restes de l'abbaye de Saint-Maur, 1763. In-4 en largeur.

Joli dessin signé et daté : *Dessiné à l'abbaye de Saint-Maure, par J.-G. Wille,* 1763.

MINIATURES

690. Adoration des mages. — Jésus en croix. Haut. 163 millim. ; larg. 124 millim.

Deux miniatures sur vélin, au recto et au verso d'un même feuillet. Elles datent du XIe siècle et proviennent d'un manuscrit français. Leur dessin est pauvre, mais les têtes ont de l'expression. Fond or ; bordure polychrome.

691. Jésus-Christ sur la terre et les symboles des évangélistes. Haut. 225 millim., larg. 153 millim.

Très belle miniature française du XIIIe siècle, sur vélin. Jésus, assis, tient le globe dans la main gauche, et bénit le monde de la droite, composition circonscrite dans la « mandorla », ou amande mystique, dont le fond bleu est orné de losanges formés de traits blancs avec des points rouges. Cette figure est placée dans un rectangle à fond rougeâtre quadrillé, entouré d'une bordure peinte en bleu avec des ornements en blanc et renfermant aux angles des médaillons à fond or avec des symboles des évangélistes. L'ensemble a beaucoup de caractère. — On y joint une petite miniature du XIIIe siècle, à fond or, découpée dans une chanson de geste, et représentant une jeune dame en conversation avec un jouvenceau.

692. Adam et Ève tentés par le serpent. Haut. 66 millim. ; larg. 91 millim. — Les deux fils de Noé se montrant la nudité de leur père. Haut. 85 millim. ; larg. 89 millim.

Deux miniatures du XIVe siècle, au trait et en grisaille, découpées dans une bible en français. Elles sont particulièrement intéressantes en ce qu'elles offrent de rares spécimens d'ébauches de miniatures destinées à recevoir un fond d'or.

693. Le Duc de Normandie (depuis Charles V), président les trois États du royaume en 1356. Haut. 215 millim. ; larg. 160 millim.

Très belle miniature de la fin du XIVe siècle, décrivant une page détachée d'une chronique. Elle représente l'une des scènes les plus importantes de l'histoire politique de la France. Après la bataille de Poitiers et la prise du roi Jean, le dauphin de France, duc de Normandie et lieutenant du royaume, convoque les États généraux de la langue d'oil pour obtenir de nouveaux subsides. La miniature représente la séance d'ouverture au palais royal, en mai 1356. Le dauphin est assis sur le trône. A sa droite est le clergé, ayant à sa tête Pierre de La Forest, archevêque de Rouen et chancelier de France : à sa gauche se tient la noblesse, sous la conduite de Charles de Blois, duc de Bretagne ; devant lui sont assis les représentants du Tiers-Etat, gouvernés par Étienne Marcel, prévôt des marchands de Paris, et assisté de plusieurs théologiens. Les vêtements de presque tous les personnages sont en grisaille.

694. Jésus en croix. — Saints et saintes. Haut. 172 millim. ; larg. 125 millim.

Dix-neuf belles miniatures décorant des pages provenant d'un livre d'heures de la fin du XIVe siècle. Les saints représentés sont : *Saint Jean l'Évangéliste, Saint Pierre, Saint Jacques, Saint Etienne, Saint Martin, Saint Christophe, Saint Antoine, Saint Laurent, Saint Éloi, Saint Blaise, Saint Michel* et *Saint Sébastien* (ces deux dernières miniatures sont découpées au trait carré) ; les saintes : *Sainte Agnès, Sainte Barbe, Sainte Catherine, Sainte Marie-Madeleine, Sainte Théodoxie,* SAINTE GENEVIÈVE, ce qui indique assez que ce manuscrit fut exécuté à Paris. La première miniature est en grisaille ; les autres sont polychromes, toutes à fonds quadrillés, losangés ou diaprés, en or et en couleurs. Les têtes sont d'une rare finesse. Les pages, aux rectos et aux versos, ont d'élégantes bordures en feuillage de vigne vierge parsemée de fleurs, etc. Elles sont très variées et offrent de beaux spécimens de luxe décoratif des manuscrits de cette époque.

695. Sujets de l'Ancien et du Nouveau Testament.

Miniatures de l'École française du XIVe et du XVe siècle, de différentes grandeurs, découpées dans des manuscrits : 1° bordure de la fin du XIVe siècle ; 2° *Saint Jean l'Évangéliste*, fin du XVe siècle ; 3° grande initiale S, fin du XVe siècle ; dont le fond d'or est garni de plantes, de fleurs et de chimères (provenant d'un antiphonaire) ; 4° *Jésus tenté dans le désert ;* — 5° *Job et sa femme ;* — 6° *La Descente du Saint-Esprit,* très fines miniatures du XVe siècle, les deux dernières avec de larges bordures ; — 7° *Dieu le Père et la Sainte-Vierge,* initiale historiée ; — 8° *La Présentation de l'Enfant Jésus au temple* ; sur le devant est agenouillée une religieuse ; jolie miniature, offrant d'intéressants costumes.

696. *Job et ses amis.* Haut. 138 millim. ; larg. 90 millim.

Belle miniature du commencement du XVIe siècle, entourée d'une bordure architecturale en camaïeu or, et d'un intérêt capital en ce que le fond représente un coin de la ville de Paris : LA SAINTE-CHAPELLE, LA CHAPELLE SAINT-MICHEL, le TOUR DE LA PORTE DU PALAIS, etc. Page détachée d'un livre d'heures.

697. Jésus tenté par le démon. — La Sainte Trinité. — Jésus au jardin des Oliviers.

La première miniature, découpée d'un livre de lutrin de la fin du XVe siècle, représente trois scènes de la Tentation de Jésus. Dans le fond à gauche, une abbaye, intéressante par son architecture. Du même côté, sur le devant, une congrégation de religieuses à genoux, ayant à leur tête leur abbesse. Large bordure à rinceaux, à fleurs et à fruits, sur les trois côtés; dans celle du bas, deux anges tiennent un écusson avec ces armes : *d'argent à une fasce de sable, surmontée d'un léopard de gueules.* — La seconde miniature, est une grande initiale découpée dans un antiphonaire du XVIe siècle. — La troisième, d'une date plus avancée, et provenant également d'un livre de lutrin, est très fine, et d'un grand effet.

698. Un *Enlèvement de jeunes filles et de jeunes dames* (?). Haut. 156 millim.; larg. 125 millim.

Miniature en grisaille et en camaïeu or, découpée dans un poème français manuscrit, datant du règne de Louis XII. A droite, un empereur est assis sur le trône; à gauche, sur une estrade, est un musicien jouant de la flûte et du tambourin. Composition de quinze personnages.

699. Un Prophète annonçant la venue de Jésus-Christ. Haut. 172 millim.; larg. 170 millim.

Admirable miniature, sous forme d'initiale historiée, découpée d'un antiphonaire du XVIe siècle. Un prophète prédit à la foule assemblée devant lui la venue du fils de Dieu. Dans les nuages apparaît la Sainte-Vierge portant dans son giron l'Enfant Jésus, et au-dessus on voit Dieu le père dans une gloire de chérubins.

Œuvre d'un excellent peintre de l'école de Fontainebleau formée par des artistes italiens, Rosso et le Primatice, appelés par François Ier, et dont l'influence sur l'art français fut considérable. Tout y est remarquable : composition, dessin, coloris éclatant et harmonieux.

700. Saint François d'Assise. Haut. 250 millim.; larg. 170 millim.

Belle gouache sur vélin, d'un artiste français du XVIIe siècle. Le Saint est à genoux, dans une campagne, et reçoit les stigmates. A gauche, au second plan, un religieux assis.

TABLEAUX

701. Le Cimetière des Innocents vers 1570. Peinture sur bois. Haut. 0m,54 ; larg. 0m,45.

Précieux tableau donnant une idée très complète de ce fameux cimetière dans la seconde moitié du XVIe siècle : au fond, la double église dont on voit presque de face les deux portails, de chaque côté les charniers au-dessus desquels s'élèvent les pignons des hautes maisons de la rue Saint-Denis et de la rue aux Fers et, au centre, le sol du cimetière couvert de ses curieux monuments funéraires ; sur le premier plan, au milieu du tableau, un groupe d'au moins cent personnages est rassemblé autour d'une fosse où deux hommes descendent un cadavre enveloppée d'un linceul.

Ce tableau a été évidemment peint d'après nature, les détails en sont finement accusés et les nombreux personnages qui l'animent sont nettement dessinés et bien groupés.

702. Mascarade de la rue Saint-Antoine, vers 1690.

Très curieuse gouache sur vélin, servant d'éventail vers 1690, appliquée plus tard sur un panneau de chêne et couverte d'une couche de vernis, ce qui lui donne toute l'apparence d'une peinture à l'huile ; elle est des plus intéressantes, non seulement en ce qu'elle offre un tableau complet et des plus curieux d'une mascarade à la fin du XVIIe siècle, mais encore en ce qu'elle donne une vue très exacte de la rue Saint-Antoine et de la partie occidentale de la Bastille.

703. Le Petit-Pont après l'incendie de ses maisons en bois, en 1718. Peinture sur toile. Haut. 0m,43 ; larg. 0m,58.

Il ne reste plus que le pont de pierre à trois arches ; toutes les maisons qu'il supportait sont anéanties ; sur la berge est un amas de décombres encore enflammés, au delà du pont on voit le double portail de l'Hôtel-Dieu au-dessus duquel s'élèvent les tours de Notre-Dame.

704. Incendie de la foire Saint-Germain, 1762. Peinture sur toile. Haut. 0m,53 sur 0m,75 de large.

Il est nuit encore, des flammes seules éclairent d'un reflet blafard la partie du quartier Saint-Germain voisine de la foire, notamment l'église Saint-Sulpice encore inachevée ; sur le premier plan une foule très active de curieux et de travailleurs se remue sur la place. Il y a beaucoup de mouvement et d'animation dans cette partie du tableau.

705. Fanchon la Vielleuse. Peinture ovale sur toile appliquée sur une tablette de chêne. Haut. 0m,25 ; larg. 0m,21.

Elle est représentée assise sur une chaise, jouant de la vielle dans une des contres-allées du boulevard du Temple. Un abbé de bonne mine (Lattaignant?) penché près d'elle semble l'écouter avec plaisir, tandis qu'un gamin caché derrière un arbre le montre au doigt. Un détail remarquable de ce petit tableau, c'est que Fanchon est décorée d'une médaille en argent sur laquelle ressort en relief une fleur de lis.

706. Démolition de l'église de Saint-Jean en Grève. Haut. $0^m,34$; larg. $0^m,43$.

Bonne peinture que M. Bonnardot attribue à De Machy.

707. Vue de l'arche Popin, prise de la rue Saint-Germain-l'Auxerrois. Toile peinte. Haut. $0^m,49$; larg. $0^m,90$.

Grossière mais curieuse peinture qui servait autrefois d'enseigne à un boulanger.

708. Ancienne Église de Bourg-la-Reine. — Église de Créteil. — Intérieur de l'église des Billettes, vers 1824.

3 toiles peintes.

709. Christ en croix.

Curieux travail byzantin.

710. Très beau cadre Louis XIII en cuivre estampé.

711. Jolis petits cadres Louis XIV en bois sculpté.

PLANS EN RELIEF

712. Plan de la Bastille.

713. Plan de Notre-Dame de Saint-Omer (Pas-de-Calais).

714. Plan des ruines de l'Abbaye royale de Saint-Bertin à Saint-Omer (Pas-de-Calais).

Cette célèbre abbaye est représentée telle qu'elle existait vers 1840. La tour seule subsiste encore de nos jours.

Ces trois plans en relief, à l'échelle d'un millimètre pour pied, d'un admirable travail de patience et d'exactitude, ont été exécutés par M. Cardinal, ancien sous-officier de marine, natif de Saint-Omer et décédé à Paris en 1848.

Paris. — Typ. G. Chamerot, 19, rue des Saints-Pères. — 22197.

PARIS

TYPOGRAPHIE GEORGES CHAMEROT

19, RUE DES SAINTS-PÈRES, 19

www.ingramcontent.com/pod-product-compliance
Ingram Content Group UK Ltd.
Pitfield, Milton Keynes, MK11 3LW, UK
UKHW020315220726
13923UKWH00003B/1175

9 782329 045191